Aufbruch –
Eine Reise in Liebe ins Glück

D1727340

Simon Kyung-Ha Herz

AUFBRUCH –
EINE REISE IN LIEBE INS GLÜCK

*Betrachtungen und Gedanken
zur christlichen Religion*

Engelsdorfer Verlag
Leipzig
2016

Bibliografische Information durch die
Deutsche Nationalbibliothek:
Die Deutsche Nationalbibliothek verzeichnet diese
Publikation in der Deutschen Nationalbibliografie;
detaillierte bibliografische Daten sind im Internet
über http://dnb.dnb.de abrufbar.

ISBN 978-3-96008-390-0

Copyright (2016) Engelsdorfer Verlag Leipzig
Alle Rechte beim Autor

Hergestellt in Leipzig, Germany (EU)
www.engelsdorfer-verlag.de

12,00 Euro (D)

Inhalt

Einleitung

Dieses Buch handelt davon, was ich während einer Phase der minimalen positiven Veränderung von mir selbst erlebte und welche Gedanken über die Liebe mich dabei begleiteten.

In dieser Zeit bat ich manches Mal Folgendes:

... Wasche mein Schuld von mir ab, und mache mich rein von meiner Sünde! ... Erschaffe mir, Gott, ein reines Herz, und gib mir einen neuen, beständigen Geist! ... (Psalm 51)

Ich hörte dann:

... Ich hole euch heraus, ... Ich gieße reines Wasser über euch aus, dann werdet ihr rein. Ich reinige euch von aller Unreinheit, von all euren Götzen. Ich schenke euch ein neues Herz und lege einen neuen Geist in euch. Ich nehme das Herz von Stein aus eurer Brust und gebe euch ein Herz von Fleisch. Ich lege meinen Geist in euch und bewirke, dass ihr ... auf meine Gebote achtet und sie erfüllt (, weil sie Liebe sind, und alles schützen). Ihr werdet mein Volk sein, und ich werde euer Gott sein. (Der Prophet Hesekiel 36.24)

... Gefallen hat Gott an denen, ... , die voll Vertrauen warten auf seine Huld, (seine Freundlichkeit, Zugewandtheit, sein Wohlwollen). *(Psalm 147)*

... Gott bringt die Verlassenen heim, führt die Gefangenen hinaus ins Glück ... (Psalm 68)

Das niedergeschriebene Werk wäre nicht in dieser Form entstanden, ohne die geteilte Liebe und Weisheit von einigen Menschen.

7

Ich danke deshalb diesen: Günter von Arte Omni, den Benediktinermönchen von St. Stephan, den Dominikanermönchen von Heilig Kreuz, der St. Ulrich und Afra Betgemeinde, der koreanischen evangelischen Gemeinde von der Jakobskirche und vielen weiteren Christen; ich danke auch koreanischen Buddhisten, Buddhisten aus der Rabten Chöling Gemeinschaft in Europa (Geshe Thubten Trinley, Gonsar Rinpotsche, Geshe Tsültrim) und denen der Plum Village Gemeinschaft in Südfrankreich, wie auch denen von Zen in Augsburg.

Andere Menschen haben mir ebenfalls Gutes getan, doch kann ich sie hier aus Platzgründen nicht alle nennen, außer noch die Kinder und Erwachsenen aus den Kindertagesstätten in den ich arbeiten durfte.

Für dieses Buch danke ich noch Kommandersch für die Gestaltung des Buchrückens und Günter für die Erlaubnis der Nutzung des unaufdringlichen dezent leuchtenden Arte Omni Bildes auf der Buchvorderseite.

Dieses Buch ist für Soon-ki Min, Reinhard, Nina und Julia Herz und die Familien Min, Herz und Wrana, meine Freunde und Bekannten, und Dich.

1. Liebe ist Glück

(Gedanken im Herbst)

Glücklich der Mann, der nicht folgt dem Rat der Gottlosen, den Weg der Sünder nicht betritt ..., sondern seine Lust hat am Gesetz des HERRN (von dem einzigen Gott JAHWE)*, und über sein Gesetz sinnt Tag und Nacht ... (Psalm 1.)*

Das hebräische Wort „Psalm" stammt vom griechischen Wort „Psalmos" und dies heißt „Lied". Im Hebräischen, der Sprache der Israeliten, des von Gott auserwählten Volkes, werden die Psalmen auch mit „Lobgesänge" überschrieben. Psalm 1. ist etwa 3000 alt, manche Aussagen daraus wurden auch schon im ersten Buch Mose bei Stellen über Josef erwähnt, sind also an die 4000 Jahre alt. Der oben genannte Ausschnitt ist eine authentische wortwörtliche Übersetzung des hebräischen Textes ins Deutsche aus der Elberfelder Bibel.

Was macht den Mann und die Frau, die Kinder und die Alten, glücklich? Was ist das Gesetz Gottes? Der Kern der Heiligen Schrift Bibel ist, wie sie selbst im alten wie im neuen Testament erwähnt, Gott zu lieben, seinen - immer jeweils momentanen - Nächsten zu lieben, und sich selbst zu lieben. Im alten Testament wird nun eben gelehrt: *Höre ... : Jahwe ist unser Gott, der Herr allein! Und Du sollst Jahwe, deinen Gott, lieben mit deinem ganzen Herzen und mit deiner ganzen*

Seele und mit deiner ganzer Kraft. Und diese Worte, die ich dir heute gebiete, sollen in deinem Herzen sein. Und du sollst sie deinen Kindern einschärfen und du sollst davon reden, wenn du in deinem Hause sitzt und wenn du auf dem Weg gehst, wenn du dich hinlegst und wenn du aufstehst. (Das fünfte Buch Mose. Kapitel 6, Vers 4-7) Du sollst deinen Bruder in deinem Herzen nicht hassen. Du sollst deinen Nächsten ernstlich zurechtweisen, damit du nicht seinetwegen Schuld trägst. Du sollst dich nicht rächen und den Kindern deines Volkes nichts nachtragen und sollst deinen Nächsten lieben wie dich selbst. (Es heißt hier, „wie dich selbst", weil Dein Nächster bist Du selbst, weil alles Eines ist, da miteinander verbunden.) *Ich bin Gott. (Das dritte Buch Mose. Kapitel 19, Vers 16-18)* Im neuen Testament antwortet sein Sohn, sein Kind, sein Geschöpf, Jesus Christus als er gefragt wird: *Lehrer welches ist das größte Gebot im Gesetz? Jesus Christus aber sprach zu ihm: „Du sollst den Herrn, Jahwe, deinen Gott, lieben mit deinem ganzen Herzen und mit deiner ganzen Seele und mit deinem ganzen Verstand." Dies ist das größte und erste Gebot. Das zweite aber ist ihm gleich: „Du sollst deinen Nächsten lieben wie dich selbst." An diesen zwei Geboten hängt das ganze Gesetz und die Propheten. (Matthäus, Kapitel 22. Vers 36.40)* Man beachte, dass Jesus „Verstand" anstatt „Kraft" sagt. Verstand ist Kraft. Außerdem sagt Jesus Christus, das zweite ist dem ersten gleich. Er meint damit: Der einem nahestehende Mensch und man selbst *ist* ein Teil Gottes. Auch der Nächste *ist* Gott wie der Heilige Apostel Paulus sagt: … *dass sie Gott suchen, ob sie ihn vielleicht tastend fühlen und finden, obwohl er ja nicht fern ist von jedem*

*von uns. Denn in ihm leben wir und bewegen uns und sind wir
… (Apostelgeschichte Kapitel 17, Vers 27.28)*

Die Weisung Gottes ist auch Geduld zu üben, was bedeutet viel Leid ertragen zu können, aber auch viel Glück annehmen zu können. Jesus Christus hat einen grausamen ungerechten Tod, der ihm von unwissenden, machtgierigen, eifersüchtigen, gewalttätigen, böswilligen Menschen angetan wurde, vergebend und liebend ertragen. Einst lehrte er seinen Schülern das Gebet „Vater Unser" beten, er lehrte sie nur dieses eine kurze Gebet. *Wenn Du aber betest, bete zu deinem Vater* (Gott) *der im Verborgenen ist! Und dein Vater der im Verborgenen sieht, wird dir vergelten; Betet ihr nun so: Unser Vater, der du bist in den Himmeln, geheiligt werde dein Name* (JAHWE, GOTT, oder JESUS CHRISTUS oder HEILIGER GEIST was drei Teile einer Einheit sind)*; dein Reich komme; dein Wille geschehe, wie im Himmel, so auch auf Erden! Unser tägliches Brot gib uns heute; und vergib uns unsere Schulden (*Der Evangelist Lukas übersetzt an dieser Stelle *Sünden), wie auch wir unseren Schuldnern vergeben haben; und führe uns nicht in Versuchung, sondern rette uns von dem Bösen! – Denn wenn ihr den Menschen ihre Vergehungen vergebt, so wird euer himmlischer Vater auch euch vergeben; wenn ihr aber den Menschen nicht vergebt, so wird euer Vater eure Vergehungen auch nicht vergeben. (Matthäus Kapitel 6, Vers 6-15)* In dessen Mitte heißt es dann bei der Wiedergabe des Evangelisten Lukas*: und vergib uns unsere Sünden, denn auch wir selbst vergeben jedem, der uns schuldig ist. (Lukas Kapitel 11. Vers*

3) Rache erzeugt Hass, und dieser erzeugt Gewalt, also Zerstörung, also Leid; Vergebung erzeugt Dankbarkeit, die auch Liebe ist, also Glück; dies hatte Jesus Christus erkannt. Der Heilige Apostel Paulus erwähnt in seinem Hohen Lied der Liebe, - in der genauesten Definition was Liebe ist und an deren Punkten sich ein Mensch prüfen kann was er schon oder noch nicht von ihr verinnerlicht hat -, dass sie das einzige erstrebenswerte Gut eines Menschen ist; er definiert nun eben darin: *sie* (die Liebe) *trägt das Böse nicht nach,* und an erster Stelle erwähnt er ihre Charaktereigenschaft *Geduld (Langmut)* und an beinahe letzter, *sie erträgt alles. (1.Korinther Kapitel 13. Das Hohe Lied der Liebe)* Jesus Christus war der König der Geduld, der alles ertragen und doch noch vergeben hat. *Jesus aber sprach* (als er hingerichtet wurde)*: Vater, vergib ihnen! Denn sie wissen nicht was sie tun. (Lukas 23,34)* Dies sagte er als er verraten, verlassen, verleugnet, gequält, verhöhnt worden war, während seinem Sterben, nachdem er von Menschenhand hingerichtet worden war. Geduld und Vergebung sind also ineinander verwoben, weil sie beide die höchsten Aspekte der Liebe sind, Aspekte dessen was der Wunsch Gottes an uns Menschen ist, Eigenschaften die uns glücklich machen, auch dann wenn unser Körper stirbt, es sind die Eigenschaften die den unsterblichen glücklichen Geist entfalten.

Gott (die Liebe) *bringt die Verlassenen heim, führt die Gefangenen hinaus in das Glück; … (Psalm 68)*

2. Berührung der Liebe
(Gedanken im Herbst)

Am einfachsten ist es Gott, der die Liebe ist, in Gestalt des bedeutendsten wichtigsten Menschen auf unserer Erde, in Gestalt von Jesus Christus, - der ganz Gott und vollständig Mensch zugleich war, und der noch immer und ewig sein wird, weil er wie Gott unendlich und allmächtig ist, - und in seinen Worten aus den Evangelien zu lieben. Und Gott ist zu lieben, weil er die die Quelle der Liebe ist, weil er alles das, was wir lieben, in seiner unendlichen Güte für uns geschaffen hat. Er war Gott um den Hochmütigen zur Demut zu führen und hat sich als Mensch erniedrigt um den Erniedrigten durch Hoffnung aufzurichten.

Heilig, heilig, heilig, Herr, Gott, Allmächtiger, der war und der ist und der kommt! ... denn du hast alle Dinge erschaffen, um deines Willens wegen waren sie und sind sie erschaffen. (Offenbahrung 4.8,11)

Und Christus ist der Weg der zu dieser Liebe führt.

Wer wird uns scheiden von der Liebe Christi? Bedrängnis oder Angst oder Verfolgung oder Hungersnot oder Blöse oder Gefahr oder Schwert? ... Aber in diesem allen sind wir mehr als Überwinder durch den, der uns geliebt hat. Denn ich bin überzeugt, dass weder Tod noch Leben, weder Engel noch Gewalten, weder Gegenwärtiges noch Zukünftiges, noch Mächte, weder Höhe noch Tiefe, noch irgendein anderes Geschöpf uns wird scheiden können von der Liebe Gottes, die in Christus Jesus ist, unserem Herrn. (Römer 8.35 39)

Wir haben erkannt, dass der Mensch nicht durch Werke des Gesetzes gerecht wird, sondern nur durch den Glauben an Jesus Christus. (Galater 2.16)

Christus hat für uns gelitten und uns ein Beispiel gegeben, damit wir ihm folgen auf seinem Weg. Er hat keine Sünde begangen und in seinem Mund war keine Falschheit. Als er geschmäht wurde, schmähte er nicht, sondern überließ seine Sache dem gerechten Richter. Er hat unsere Sünden mit seinem eigenen Leib am Holz des Kreuzes getragen, damit wir tot sind für die Sünden und leben für die Gerechtigkeit. Durch seine Wunden sind wir geheilt. (1. Petrus 2.21) Jesus Christus heilt uns, wenn wir krank im Geist oder am Körper sind.

Weil ich lebe, werdet auch ihr leben. An jenem Tag werdet ihr erkennen, dass ich in meinem Vater (Gott) *bin und ihr in mir, und ich in euch. Wer meine Gebote hat, und sie hält, der ist es der mich liebt* (- weil Jesus Christus Gott ist und Gott alles ist, und weil die Gebote Liebe sind, also alles schützen, also Gott nicht schaden)*; wer aber mich liebt, wird von meinem Vater geliebt werden … Wenn jemand mich liebt, so wird er mein Wort halten, und mein Vater wird ihn lieben, und wir werden zu ihm kommen und Wohnung bei ihm machen. (Johannes 14,19-23)* Jesus Christus sagt, so denke ich: Wenn jemand mich, die Liebe liebt, so wird er automatisch die Gebote der Liebe halten. Jesus Christus hat alle Gebote der Liebe vollständig gehalten und hält sie noch immer überall zu jederzeit.

Durch seine Gedanken bei Jesus Christus ist ein Mensch in der Liebe und die Liebe ist in ihm, denn Jesus Christus hat die Gebote der Liebe vollständig erfüllt, es heißt an einer Stelle: *Denkt nicht, ich sei gekommen, um das Gesetz und die Propheten aufzuheben. Ich bin nicht gekommen, um aufzuheben, sonder um zu erfüllen. (Matthäus 5.17)*

Was nicht Liebe ist, und was Liebe ist, wird später noch behandelt werden.

Nun aber sei erklärt: Wer an Jesus Christus denkt, denkt nur an Liebe. Wenn ein Mensch die Liebe berührt, dann ist das Herz, der Geist, und der Körper eines Menschen wahrlich lebendig und er ist dann kein lebender Toter. Gott ist lebendiger Geist und lebendiger Körper, in dem Menschen, der ihn durch den Gedanken an ihn wahrnimmt, dieser fühlt die Gegenwart Gottes im Geist, im Herz, und im Körper. *Das Reich Gottes kommt nicht so, dass man es beobachten könnte, auch wird man nicht sagen: Siehe hier! Oder: Siehe dort! Denn siehe, das Reich Gottes ist mitten unter euch (-* in einem Menschen und um ihn; in der Mitte.). *(Lukas 17.20,21)* Durch Jesus Christus kann Gottes Reich bereits Hier und Jetzt, in jedem von uns und außerhalb von uns, was ihm Grunde nicht voneinander getrennt ist, berührt werden; alles ist mit allem verbunden; so wird Gott in Allem und im Nichts, und vorallem dazwischen in der Mitte, berührt; so wird Gott berührt, als er in der Mitte starb, neben einem reuigen Verbrecher einerseits, der nur weil er den Gesandten bat an ihn zu denken, das heißt weil er auf Gott vertraute, noch am selben Tag in das Paradies in den Himmel einging, sowie andererseits neben einen Gott lästernden Verbrecher, dessen Nichtigkeit vielleicht auch jeder in sich selbst erkennt. *Und als sie an den Ort kamen … kreuzigten sie dort ihn und die Übeltäter, den einen zur Rechten, den anderen zur Linken … Einer der gehenkten Übeltäter aber lästerte ihn: Bist du nicht der Christus? Rette dich selbst und uns! Der andere aber antwortete und wies ihn zurecht und sprach: Auch du fürchtest Gott nicht, da du in dem selben Gericht bist? Und wir zwar mit Recht, denn wir empfangen, was unsere Taten wert sind* (, was wir verdienen, was wir uns selbst eingebrockt haben)*; dieser aber hat nicht Unstatthaftes* (Unrechtes) *getan. Und er sprach: Jesus, gedenke meiner, wenn du in dein Reich kommst! Und er* (Jesus Christus) *sprach zu ihm: Wahrlich, ich sage dir: Heute wirst du mit mir im Paradies sein. (Lukas 23,33.39-43)* Gott erwartet nichts mehr von diesem Menschen, auch kein frommes Ritual, sondern Gottes Geist in ihm wird durch das „ja zu Gott" des Verbrechers berührt, durch den Glauben das Jesus Christus ein Mittler zu Gott ist; interessant ist: das Deutsche „ja" ist verwandt mit dem hebräischen einsilbigen Namen für Gott: „Jah". Jesus Christus vermag es, ohne Bedingungen, einem Verbrecher zu helfen, noch Heute, jetzt, in das Paradies zu gelangen; und das einzige was dieser tut ist auf Jesus Christus, also auf Gott, zu vertrauen.

Gott ist rein in der Mitte von den Zweien, Gott wird bei seinem Tod auferweckt, jenseits von Himmel und Erde. *Der Himmel und die Erde werden vergehen, meine Worte aber werden nicht vergehen … Wacht* (seid achtsam) *nun und betet zu aller Zeit, dass ihr imstande seid, diesem allem, was geschehen soll, zu entfliehen und vor dem Sohn des*

Menschen (der nach Gottes Ebenbild geschaffen ist) *zu stehen. (Lukas 21,33.36)* Wer die Worte über Gott, die Liebe, den Glauben annimmt wird nicht vergehen:

Ich bin die Auferstehung und das Leben. Wer an mich glaubt, der wird leben auch wenn er stirbt; und wer (dessen Geist) *da* (nach dem leiblichen Tod) *lebt und glaubt an mich der wird nimmermehr sterben. (Johannes 11.25,26)*

Die Liebe vergeht niemals. (1.Korinther 13.8)

Die Liebe ist die Erfüllung des Gesetzes (, der zehn Gebote). *Seid niemand etwas schuldig, als nur einander zu lieben! Denn wer den anderen liebt, hat das Gesetz erfüllt. Denn das:* „*Du sollst nicht ehebrechen, du sollst nicht töten, du sollst nicht stehlen, du sollst nicht begehren*", *und wenn es ein anderes Gebot gibt, ist in diesem Wort zusammengefasst* „*Du sollst deinen nächsten lieben, wie dich selbst*", *die Liebe tut dem nächsten nichts Böses. Die Erfüllung des Gesetzes ist also die Liebe. (Römer 13,8-10)*

Alles Leid wird durch die Liebe aufgehoben, wie zum Beispiel die innere Unruhe die von Begierden verursacht wird; und die Harmonie zerstörenden Geisteszustände Ärger und Hass werden unter anderem von nicht erfüllten Begierden verursacht, weil man nicht bekommt was man will. Die Liebe macht glücklich, sie gräbt alle Wurzeln der schwarzen Pflanze in uns aus, so dass nichts neues Schwarzes mehr wachsen kann. Die Liebe ist die Person welche die schwarze Pflanze mitsamt den Wurzeln ausgräbt, die Liebe ist Jesus Christus in uns, der die vollkommene Liebe ist, also Gott selbst.

Wenn zum Beispiel eine Frau begehrt wird, ist man unfrei, weil etwas von dieser gewollt wird; denn solange man etwas will hat man keine Ruhe um das Hier und Jetzt überhaupt wahrzunehmen, - das Einzig was wir wirklich haben -, da man mit dem weltlichen Wollen vor dem Hier und Jetzt flieht in etwas, was man noch nicht hat, und was auch nicht sicher ist ob man es bekommt, und das Bild der Begierde im Geist ist auch nur eine Illusion, nichts Reales, etwas was einen davon abhält den Moment, die Wirklichkeit, Hier und Jetzt, wahrzunehmen. Wenn eine Frau aber stattdessen mit reinem Herzen geliebt wird, dann will man sie nur glücklich sehen, will dabei aber nichts für sich selbst, für das Ich, für die eigene Befriedigung der Sinne haben. Und wer eine Frau rein liebt macht sie in der Regel glücklich, allein den Fluss der Liebe zu spüren macht schon glücklich. Und sollte diese die Zuneigung aber nicht erwidern, kann man trotz dessen für sie beten; diese Zugewandtheit im Gebet erreicht sie irgendwie, da nichts vergebens ist. Wenn sie aber zur Gefühlsbefriedigung der eigenen Sinne besessen werden will, kann als nicht unbedeutende Nebenwirkung Angst entstehen, dass sie einen nicht mag, und somit einige Gefühle nicht befriedigt werden, oder aber dass sie einen verlässt, sollte sie doch für kurze Zeit einem selbst zu Eigen gemacht worden sein. Die Depression, das Unglück, entsteht aus Angst. - *Herr, sei mir gnädig, denn mir ist angst; vor Gram zerfallen mir Auge, Seele und Leib. In Kummer schwindet mein Leben dahin, meine Jahre verrinnen im Seufzen. Meine*

Kraft ist ermattet im Elend, meine Glieder sind zerfallen. …
Ich aber, Herr, ich vertraue dir, ich sage: „Du bist mein Gott."
… Ich aber dachte in meiner Angst: Ich bin aus deiner Nähe
verstoßen. Doch du hast mein lautes Flehen gehört, als ich zu
dir um Hilfe rief. Liebt den Herrn, all seine Frommen! Seine
Getreuen behütet der Herr … (Psalm 31) - Und Angst
entsteht aus Sünde, aus bösem Denken, Sprechen
und Tun, das keine Liebe ist, Angst entsteht als
Auswirkung der begangenen Sünde, über das Erkennen was in einem selbst ist, und wo es einen hinzu-
führen vermag. *Ja, ich bekenne meine Schuld, ich bin wegen*
meiner Sünde in Angst. (Psalm 38)

Wer also Jesus Christus, die reine Liebe, liebt, liebt
Gott die reine Liebe, und wer die reine Liebe liebt ist
glücklich und frei von allen geistigen Leiden, wie
Begierde, Hass und so weiter, da wir nicht zwei
Gedanken gleichzeitig denken können, sondern
immer nur einen, und einer ersetzt den anderen.

Durch das Gegenteil der Liebe, durch den Hass, ist
man von der Liebe getrennt. Wer von der Liebe
getrennt ist, der fühlt sich vom Leben getrennt, weil
Liebe und Leben im Deutschen zwei ähnlich klingen-
de Wörter sind; er nimmt das mit dem er verbunden
ist, mit dem er ein großes Ganzes ist, und von dem er
beständig abhängig ist, die Materie, die Elemente, die
Herzen, den Geist, nicht mehr wahr; somit ist er nicht
dankbar, und weil Dankbarkeit auch Liebe ist, hat er
diese nicht, und somit tut er meist erst recht das
Gegenteil, er hasst weiter. Wer hasst, schafft in seinem eigenen geistigen Wohlbefinden und dadurch

19

auch in seinem Körper, und für andere, Leid. Hass ist die größte Sünde an der Liebe, an Gott, sowie also an den Mitgeschöpfen die Gott sind, welche geliebt sein wollen und hin und wieder auch aufgrund von Gottes Wirken lieben. Hass ist das Gegenteil von Liebe. Wer in seinem Denken hasst, begeht unheilsame Taten mit der Sprache und mit dem Körper an anderen, verletzt sie, und lässt sie so leiden.

Der Frevler (in uns) *spricht: „Ich bin entschlossen zum Bösen." In seinen Augen gibt es kein Erschrecken vor Gott. Er gefällt sich darin, sich schuldig zu machen und zu hassen. (Psalm 36)*

Jeder ist für sein Denken und somit für sein Glück selbst verantwortlich, außer wenn Gott Gedanken schenkt und lenkt. Doch wir besitzen natürlicherweise die kostbare Freiheit uns zu entscheiden, bereits so lange, seit der Mensch über lange Zeiträume hin erschaffen worden ist, wir besitzen die kostbare Freiheit, mit Hilfe von Jesus Christus, an den lieben Gott zu denken, und somit ohne zu viele Gedanken einfach zu sein.

3. Ich

Die am Anfang beschriebene Erkenntnis, dass allein Gott zu lieben reicht, und in ihm alle Geschöpfe, um für immer glücklich zu sein, um von allen inneren Feinden, den unheilsamen Gedanken, erlöst zu sein, kam mir am letzten Novemberwochenende im Jahre 2014, 2014 Jahre nach der Geburt Gottes als Mensch auf Erden, nach etwa 10 Jahren eines spirituellen Lebens, von seinen kläglichen, stümperhaften Anfängen voller Leid, bis hin zu einer ansatzweißen Stabilität. Jesus Christus, die menschliche Manifestation Gottes auf Erden, durch den die Liebe auf Erden eine Gestalt bekam, indem Gott Energie ausgesandt hat und diese in einer materiellen Hülle manifestieren ließ, diese reine Erscheinung Gottes zu lieben reicht, um Erlösung zu erlangen. Alles bisher geleistete, die Besuche der Tempel, Kirchen und Klöster, das Hören der Lehren, das Geben, die Gottesdienste und der Empfang einiger Sakramente, der Dienst an den Wesen durch die Arbeit und auch anderweitig, die oft - jedoch nicht immer – missglückte und gescheiterte Pflege von Freundschaften und Beziehungen, die Zen-Meditationen und verschiedenen Gebete, alles mir bisher Geschenkte, ob Leid oder Glück, haben mich nun zu dem Punkt gebracht, dass allein Gott zu lieben die Erlösung, die Befreiung bringt. Diese Erfahrung Gott in Jesus Christus lieben zu dürfen, hatte ich am Ende jenes oben genannten spirituellen Wochenendes, als ich am Sonntagabend erschöpft gerade noch das Kreuzzeichen machen konnte, doch die passenden Worte dazu nicht mehr aussprechen konnte. Ich war mit meinen Kräften, ermüdet durch das viele Ringen, mit meiner Hoffnung auf Befreiung von meinen mich plagenden inneren Feinden, am Ende. Anschließend lag ich nur noch erschöpft auf dem Bett und plötzlich wurde mir diese Erkenntnis in Verbindung mit einem echten Gefühl der Zuneigung, des Friedens, des Wohlbefindens, der Zuversicht und einer stillen Freunde im Brustbereich, geschenkt.

Die Worte aus den ersten zwei stillen und sogleich mächtigen Kapiteln sind ein wichtiger Brief, eine ratschlagende Nachricht, an mich. Diese aufs wesentliche reduzierte Zeilen, diese wenigen mit schwarz bedruckten weißen Seiten, sind eine Erklärung, eine Belehrung, sie kommen aus den alten Lehren der Vergangenheit, sie sind meine Erfahrung von besonderen Wörtern die vor Jahrtausenden von heiligen Wesen verfasst worden sind. Sie richten sich an mich, vielleicht auch an Diejenige und Denjenigen der sie liest (wenn dies überhaupt jemand mit Interesse tun sollte), vielleicht stehen sie aber auch einfach nur bereit, oder gar nur für sich selbst, ohne sich Irgendjemandem aufzuzwängen.

Ich schreibe sie auf, mit 35 Jahren, ich weiß nicht wieso, vielleicht für mich, um mich an eine lebenswichtige Erfahrung zu erinnern.

Jesus Christus, war mit 33 Jahren bereits gestorben und auferstanden. Bei diesem Gedanken fühle ich, wie auch ich bereits eines qualvollen Todes hätte sterben können, und somit wäre auch mein Ego, mein böses Ich, mein Wille der noch oft die ein oder andere Vergnügung für sich möchte, der möchte das es MEIN ist, tot. Wieso sollte gerade außerdem ich unbedeutendes aber geliebtes Staubkörnchen länger auf dieser Erde leben als Jesus Christus, der Größte? Und somit bemerke ich, dass ich nun bereit wäre sogar zu sterben, denn der gekreuzigte Sohn hat es uns vorgemacht; außerdem habe ich die Liebe in einigen Momenten meines zerrissenen Lebens erleben dürfen, bei alten weisen Männern, Meistern, Mönchen, bei Freunden, in der Gegenwart von Kindern, in den Blicken von Frauen, im Duft von Blumen, bei meiner Katze, im Licht der Sonne, in meiner Familie, und in meinem Geist und als Regung in meinem Herzen. Manche Kinder sterben früh, doch sie haben die Wesen in ihrer Umgebung aufrichtig angelächelt und umarmt; wenn dies ein Wesen getan hat, dann hat es alles getan was das Leben wertvoll macht.

Manche machthungrigen, gewalttätigen, bösartige Politiker und Mächtige im Geschäftsleben, religiöse Fanatiker, Drogendealer, Menschenhändler, Frauenhändler, Kinder misshandelnde herzlose „Menschen", Mörder, Erdausbeuter und Naturzerstörer, Tierquäler u.s.w. haben aufgrund ihrer eigenen lieblosen Erziehung wahrscheinlich selten gelächelt.

Das Leid der misshandelten Kinder, Tiere, und der Erde, ist so viel, die Täter denken nur an ihre eigenen Begierden. Es gibt jedoch auch Menschen die hatten eine mehr oder weniger lieblose Erziehung und haben sich trotzdessen um Liebe bemüht. Und es gibt Menschen wie mich, die auch einmal Böse waren und durch Gottes Hilfe, der mir den Gedanken an die Liebe Jesu Christi geschenkt hat, erträglich wurden.

Wenn Jesus Christus 33 Jahre auf dieser Erde war, warum sollte ich, der ich nicht so vollkommen gut war wie er, sondern oft das Gegenteil, dann länger leben dürfen, warum sollte ich länger leben wollen bei all dem Leid, das böse Menschen anrichten? Ich wäre ja froh, wenn ich, weil ich auf Gott die Liebe vertraue, nach meinem leiblichen Tod wohin könnte, wo es mehr Liebe gibt. Jedoch gibt es auch auf dieser Erde gute Menschen, da Gott auch auf sie seine Liebe sendet, und die materielle Natur ist ebenso an sich bereits wunderschön, ein Paradies aus Licht, Farben und Formen, und das wundervollste Geschenk ist erst recht ein reiner Geist, schon jetzt auf dieser Erde, und trotzdem macht es mir nichts mehr aus irgendwann zu sterben. Ich habe für die, welche ich liebe, gebetet, dass sie die Liebe erkennen, oder noch mehr erkennen, und sich hin und wieder an sie erinnern mögen, und ich habe sogar manchmal für die Feinde gebetet, für die welche die Liebe nicht mögen, seien es böswillige Einzelpersonen oder Gruppierungen; mehr konnte ich nicht tun.

Ich schreibe, denn draußen ist ein kalter feuchter nebeliger Herbst, in der alten Arbeiterstadt Augsburg, deren Innenstadt umgeben von einem flachen Gebiet zwischen zwei Flüssen auf einem niedrigen Hügel liegt, und deren Altstadt darunter, und die in der Ferne umgeben ist von mit Nadelbäumen bewaldeten Hügeln.

Ich schreibe um zu verstehen. Und daraufhin werde ich aufhören zu schreiben.

Ich habe es lange Zeit nicht geschafft jemanden zu besuchen um Gottes Gegenwart mit anderen zu teilen, die Liebe in mir war noch nicht stabil, ich hätte nichts geben könne, also wollte ich niemanden sehen. Lange Zeit habe ich Gott in der Einsamkeit gesucht, und in diesem Zeitraum war ich, wenn ich jemanden sehen wollte, keine angenehme Begleitung für andere, erst dann als ich es zuließ, dass seine Liebe in mir zu einem halbwegs stabilen Stamm wächst.

In letzter Zeit habe ich jedoch bereits begonnen, bewusst Menschen zu treffen, wenn sie wollen, denn nur dann nimmt auch mal wieder jemand Kontakt mit mir auf. In der Regel empfängt nur wer auch gibt, doch oft empfängt auch derjenige Gottes Gnaden, der zu arm ist um zu geben. Mich freuen die Kontakte mit der Familie, Freunden, Bekannten und Fremden. Doch sogar die Eltern, die engsten Verwandten, werden sterben, dann bin ich ganz allein mit Gott, und letzten Endes werde auch ich sterben; möglicherweise sterbe ich auch vor ihnen. Es spielt keine Rolle, es hat keine Bedeutung, nur die Berührung des ewigen unendlichen reinen Geistes, von dem ein Teil in jedem Menschen weilt und durch den wir immer und überall mit allen im unendlichen Geist vereint sind, ist wichtig, ist lebenswert.

Ich kann nicht klagen und klage nicht. Nein. Es ist so wie es gerade ist. Und Gott hat es gut mit mir gemeint. Natürlich hat er mich bereits dem ein und anderen Leiden überlassen, der Sünde, den Schuldgefühlen, der Trennung von der Liebe, der Einsamkeit und anderem, aber nur dass ich daraus lerne, wie es auch sein kann, und dann hat er mir gezeigt, wie es sich anfühlt, wenn die Wunden beinahe gänzlich verheilt sind, man seine Schuld bezahlt hat.

Das erste drittel meines bisherigen Lebens war oft wundervoll, trotz der ein oder anderen großen Entbehrung, wie die der Gegenwart meiner Mutter; doch immerhin durfte ich sie ab und zu sehen und es war gut so, so konnte ich mir eigene Gedanken machen, oder auch fremde annehmen, von denen nicht alle schlecht waren.

Das zweite Drittel war der Kunst, einem Geschenk an die Menschen, gewidmet, weil ich damals nur sie als Gut kannte und noch nicht die Religion. Für sie war ich bereit, auch dunklere Facetten des Lebens kennenzulernen. Ich habe geschaut wie weit ich gehen kann, wo die Grenze ist, wo der Abgrund ist, sogar wie es in ihm aussieht, dass auch dort Wesen hausen, ich habe ihnen vertraut, daraufhin habe ich mich in ihm verlaufen, weil auch sie sich verlaufen hatten, doch ich habe für mich entschieden, dass ich dort nicht länger verweilen möchte. Ich habe erwähnt, dass Gott mich dies alles hat erfahren lassen.

Ich denke es ist so, weil ich es ja nicht besser wusste, weil er mich noch nicht unterwiesen hatte. Sicherlich habe ich mich letztendlich bei jedem Leiden selbst geschlagen, weil ich Dinge getan habe, die mich selbst haben leiden lassen, die nichts mit Liebe zu tun hatten, doch ich war eben solange unwissend, bis ich aus meinen Fehlern gelernt hatte, und vielleicht war ich auch zu Stolz, dass ich nur so lernen konnte, indem ich gelitten habe bis mein stolzes egoistisches Ich, vom Leiden überrollt, zerbrach.

Im letzten Drittel musste ich schauen wie man wieder aus den Abgründen herauskommt, Wege ausprobieren, die Führer die mir von Gott geschickt worden waren musste ich erkennen, ihr Wort am eigenen Leib prüfen, und dann ihren Worten auch mein Vertrauen schenken. Letzten Endes haben sie mich wieder herausgeführt, aus der dunklen Schlucht mit seinem gefährlichen Sumpf, an das Tageslicht. Man muss nicht beide Seiten kennen lernen, für den der nur auf der guten Seite bleibt, ist es wundervoll. Aber ich bin Gott wirklich oft im Stillen dankbar, für die Schönheit, wie schön es bei ihm ist, weil ich erfahren habe, wie es ohne ihn ist. *Der Herr, dein Gott, hat dich auf dem ganzen Weg, den ihr gewandert seid, getragen, wie ein Vater seinen Sohn trägt, bis ihr an diesen Ort kamt. Trotzdem habt ihr nicht an den Herrn, euren Gott, geglaubt, der euch auf dem Weg vorangegangen war, um euch die Stelle für das Lager zu suchen. Bei Nacht ging er im Feuer voran, um euch den Weg zu zeigen, auf dem ihr gehen solltet, bei Tag in der Wolke. (5.Buch Mose: Kapitel 1. Vers 31-33)*

Was meine derzeitige Situation betrifft: Ich bin des öfteren glücklich. Nur manchmal litt ich bisher hin und wieder unter Schuldgefühlen, unter einem schlechten Gewissen, dass ich dies oder jenes nicht verdient habe. Doch wenn mir nun etwas Gutes widerfährt, dann weiß ich, es passiert aus Liebe, dann sollte ich es dankbar annehmen wie ein Kind.

Die in der Vergangenheit geschriebenen dunklen Seiten sind da, doch ich muss sie nicht immer wieder lesen, vor allem weil sie nur gedruckte Seiten auf dem Papier sind und nicht die Wirklichkeit im Hier und Jetzt. Das Dunkle werde ich in Zukunft für mich behalten, außer in der Beichte, wenn ich irgendwann mal wieder gehen soll, wie ich einige wenige Male heiligen Männern, - und nicht nur Christen -, meine Sünden, mein Leid mitgeteilt habe. Weitere Mitteilungen über Dunkelheit schaden mir und anderen und sie sind auch schon Vergangenheit, nicht Gegenwart, das einzige was ist und das einzige was zählt, ist was ich hier und jetzt denke und tue, oder vielleicht noch besser, was ich nicht denke und nicht tue, wenn ich einfach da bin.

Genauso wie ich mich darum bemühe, anderen keinen Vorwurf mehr zu machen, so mache ich mir auch keinen mehr. Gott hat mich alles mögliche erfahren lassen, und der Teufel hat mich in diesen Möglichkeiten manchmal verführt, und ich habe in meiner damaligen Unwissenheit zugestimmt, und nun möchte der Tod mir immer noch hin und wieder Schuldgefühle einreden; doch Gott hat immer ge-

hofft, dass ich zu ihm umkehre, und er hat mir vergeben, und mich zu einem wundervollen Ort in mir
geführt, wo ich jetzt noch leben darf, und oft bin ich
ihm bereits wenigstens etwas dankbar.

Ich habe das recht glücklich zu sein, weil mir, wie
jedem, seit der Geburt ein zum Glück fähiger unver-
gänglicher Geist und ein Herz gegeben sind. Und ich
darf es dort sein wo ich im Moment bin, denn es ist
der Wille dessen, der Geist und Herz geschaffen hat,
dass ich es eben bin, und nicht erst irgendwo oder
irgendwann, und wenn ich an Gott glaube, ist es
Gottes Wille, dass ich jetzt dort bin. Ich brauche
keine Schuldgefühle haben und sollte nicht unbedingt
mehr wollen, außer vielleicht in aller Bescheidenheit
Dinge die mir zum Leben und zum Glücklich-Sein
zustehen oder noch fehlen. Letzten Endes empfangen
mein Geist und mein Körper bereits so vieles aus
dem gesamten Universum, weil alles miteinander
verbunden ist, sich austauscht. Alles ist in einem.
 Darüber hinaus entscheidet Gott was und wen ich
bekomme und was und wen nicht. Wenn die Umstände und Gegebenheiten zum Glück dienen, dann
sollte ich sie gerechterweise auch in Dankbarkeit und
Freude über Gottes Güte genießen.
 Ich denke sogar das Kreuz, - das Leiden, das „Getö-
tet-Werden" durch die Menschen um der Wahrheit
der Liebe willen -, gehört mit zum Glück, weil die
Liebe nicht sterben kann, sondern wieder und größer
aufersteht, und wer das größte Leid mit Vergebung,

ohne Rache und Gewalt, erträgt, der liebt allumfassend, der hat keine Feinde mehr. Zum Leiden das auch Glück sein kann, dazu wird weiter hinten noch der Psalm 22 erwähnt, indem es heißt wie man sich von Gott verlassen fühlen kann, aber damit bestätigt dass es ihn letztendlich gibt, und er einen gar nicht verlassen hat, sondern dass - wenn dann - man selbst ihn verlassen hat, indem man sich ein Bildnis von ihm gemacht hat, dieses Bildnis aber im Tod für die Liebe verschwindet. Doch ich glaube auch, dass ich nicht beständig leiden soll, nur wenn es zum Wachstum nötig ist.

Ich darf die Stadt der Liebe auch genießen. Und ich kann es, indem ich Folgendes umsetze und tue: *Du sollst Gott lieben* – in seiner Gesamtheit, in allem, weil er alles ist, alles geschaffen hat.

Und sollte ich darüber nachdenken, wie jegliche materielle Energie vergeht, und ich darüber traurig bin, dass der Körper sich wandelt, weil selbst der Körper sehr schön sein kann, dann ist es dennoch wie folgt: Mein Geist stirbt nicht, und auch nicht der der anderen, denn der reine Geist beinhaltet nichts was vergehen kann, er ist unendlich und ewig, also muss ich mich nicht einmal wegen meines leiblichen Todes bekümmern; und vielleicht sogar nicht einmal wegen der bösen Taten mancher „Feinde", denn nur durch das Böse kann die Liebe in mir unendlich wachsen, denn wenn sie das Böse lieben kann, erst dann ist sie vollkommen und dann gibt es für sie keine Grenzen mehr, und somit auch nicht für das Glück.

Diese Ansicht die ich an mancher Stelle vertrete, rechtfertigt jedoch nicht, in keiner Weise und niemals, wenn jemanden, zum Beispiel einem wehrlosen Kind, etwas Schreckliches wie Missbrauch antut. Dies muss die Menschheit auf jeden Fall gemeinsam verhindern lernen. Ich meine nur, wenn etwas Leidvolles durch eine falsche Entscheidung eines in diesem Moment bösen Menschen geschieht, dann soll dies vergeben werden, aber andere sollen vor diesen Menschen auch geschützt werden.

Zusammenfassend ist es so: *Gott bringt die Verlassenen heim* (in das Hier und Jetzt, nach hause in die Gegenwart Gottes in uns und außerhalb von uns, in das Paradies), *führt die Gefangenen hinaus in das Glück. (Psalm 68)* Wir sind Gefangene von Vorstellungen von Bildern über andere und anderes und in dem selbst gezeugten Anhaften oder Abwehren davon, und dies bewerten wir auch noch, und deshalb leiden wir. Ein leerer reiner Geist würde die Wirklichkeit erkennen, die wie ich glaube, letztendlich von einem wundervollen ewigen Licht durchdrungen ist. *Wer Opfer des Lobes bringt, ehrt mich; wer rechtschaffen lebt, dem zeig' ich mein Heil … Rufe mich an am Tag der Not; dann rette ich dich, und du wirst mich ehren.(Psalm 50)*

In diesem Buch umwandere ich immer den selben höchsten Berg. Oft bewege ich mich nicht und betrachte seine majestätische Schönheit. Dann bestaune ich ihn von einem anderen Standpunkt, doch es ist immer der selbe stabile Berg Namens Liebe.

4. Gebet
(Ich im Dezember)

Heute, an einem Samstag im fast andauernd nebeligen Dezember, bin ich früh aufgestanden und habe, wie nun schon seit längerer Zeit, die Psalmen gebetet. Es ist wirklich ein Geschenk, an einem freien Wochenende noch vor Sonnenaufgang aufzuwachen, einen Kaffee zu machen, sich auf das gemachte Bett mit aufrechten Rücken auf zwei übereinander geschichtete Kissen mit gekreuzten Beinen zu setzen, das Psalmengebetsbuch, den Wochenpsalter der katholischen Kirche in die Hand zu nehmen, und sich auf die Worte konzentrierend laut beten zu dürfen. So schwinden die hin und wieder auftauchenden unheilsamen bewertenden Gedanken und es herrscht Stille im Geist, und auch noch in der Welt. Nur das Licht der hohen orangenfarbenen Straßenlaterne leuchtet durch das Fenster und wenn ich nach den Psalmen noch das „Vater Unser" immer wieder bete, nur im Stillen, im Geist, und das Licht ausgeschaltet habe, sehe ich durch ihr Licht und das des Mondes und durch die Lichter der Stadt, die Schatten und Konturen im Zimmer und freue mich in einem warmen geborgenen Gefühl am Leben zu sein, bewusst atmen zu dürfen, zu beten.

Ich verstehe: Das „Vater Unser" hat Jesus Christus bewusst kurz gehalten, damit es jeder beten kann, auch nicht studierte, einfache Menschen und erst recht geistig arme Menschen, die sich selbst verleugnet haben, und nicht wieder reich im Geiste werden wollen, durch ein Übermaß einer komplizierten „Erlösungstaktik"; im Grunde reicht das Vertrauen, der Glaube an die sichtbar Liebe auf Erden, Jesus Christus, auf Gott, und das von ihm gelehrte Gebet „Vater Unser"; recht bald kann dadurch ein beinahe gänzlich heiler klarer Zustand des Geistes erreicht werden, inklusive der Mithilfe des heilige Geistes. Ich erkenne das an dem neben Jesus Christus sterbenden Verbrecher, der noch heute, also Jetzt und Hier, in einen ewig währenden innerlichen paradiesischen Zustand versetzt wurde, und das wirklich „nur", weil er auf Jesus Christus, auf Gott, vertraute, an ihn glaubte; Jesus Christus hat die Erlösung für die Menschen von ihrem Leid leicht gemacht. Ja, er liebte, liebt und wird lieben, und möchte nicht, dass die Menschen für seine Liebe etwas schwer erarbeiten oder abarbeiten müssen.

Später erkenne ich, dass ich ein Sünder war und bin, dass meine Eltern und meine Schwester Sünder waren, und vielleicht manchmal noch sind, dass die meisten Menschen Sünder waren, oder auch noch sind. Und ich war auch schon ein Judas, der Jesus Christus, die Liebe, verraten und verkauft hatte.

Die Sünde gebiert aus der Erbsünde. Von den Eltern, und Bekannten, bekommen wir, durch deren Verhalten, durch deren Gedanken in Worten und Taten mit, was diese wiederum von ihren Eltern mitbekommen haben und so weiter. So wird - und formen wir danach zusätzlich selbständig - unser Ich, unsere Seele, und werden aber von so manchen unheilsamen Gewohnheiten erlöst, wenn wir uns dem lebendigen Gott in uns, sowie seiner Lehre, dem Guten, zuwenden.

Die Eltern haben natürlich auch viel Gutes getan, sonst wären wir alle nicht am leben, sie haben ihr Bestes gegeben, uns jeden Tag gefüttert, eingekleidet, uns spielen lassen, zur Schule geschickt u.s.w.

Die Erbsünde begann mit einem Menschen, der vom Guten absichtlich abgefallen war, indem er sich über Gott gestellt hatte.

Wundervoll, das der christliche eine Gott, ein vergebender Gott ist. Durch Jesus Christus sagte er selbst zu sich: *Jesus aber sprach: Vater, vergib ihnen! Denn sie wissen nicht was sie tun. (Lukas 23,34)* Seit ich erfahren habe, dass Gott mir vergeben hat, dieses Wesen von dem alles abhängt, weil er einzig allmächtig, weil er die Quelle von Geist und Materie - von allem - ist, weil er selbst der unsterbliche ewige Geist ist, und seit ich erfahren habe, damit durch diesen alles entsteht wie er es möchte, weil er die unendliche bedingungslose Liebe ist, kann ich wieder ohne bedrückende Schuldgefühle in seiner Gnade und Liebe leben und auch anderen vergeben. Alles was war, hatte irgendwo seinen Sinn für meinen und den Wachstum anderer; nicht das ganz Böse, der Teufel, aber ich denke doch das meiste.

5. Ich, mein Elend, das der Erde, und trotzdem geliebt in Gottes „Sein"

Ich denke über die Ernsthaftigkeit nach mit der die Menschen ihre, wenn überhaupt vorhandene, Religionszughörigkeit praktizieren. In jeder Religion ist der Kern die Liebe, die anderen nicht schadet; ich finde es traurig, wie manchmal die Religion missbraucht wird, um sich abzugrenzen oder um gar anderen zu schaden; das liegt jedoch dann an den sie missbrauchenden bösen Menschen und nicht an dem Religionsstifter und dessen Lehre. Angeblich gibt es zurzeit zusammengefasst mehrere Milliarden Gläubige der verschiedenen Religionen auf dieser Erde, bei insgesamt sieben Milliarden Menschen. Warum ist sie dann in so einem Zustand, wenn der Kern einer jeden wahren Religion die Liebe ist? Ich denke, einigen erfassen den Kern nicht. Und selbst wenn doch die meisten den Kern erfassen, dann müsste sich jeder Gläubige nur um drei oder vier seiner Nächsten kümmern, - auch wenn er dabei noch Fehler macht - , aber dann wären wir alle im Paradies; - doch vielleicht ist dies auch so -; dann sind es wirklich nur ein paar Tausend oder Millionen Böser, meist in Machtpositionen, die dieser Welt sehr zusetzen, ihren materiellen Körper vielleicht irgendwann zugrunde richten!

Errege dich nicht über die Bösen, wegen der Übeltäter ereifere dich nicht! Denn sie verwelken schnell wie das Gras, wie grünes Kraut verdorren sie ... Ich sah einen Frevler, bereit zu Gewalttat; er reckte sich hoch wie eine grünende Zeder. Wieder ging

ich vorüber, und er war nicht mehr da, ich suchte ihn, doch er war nicht zu finden. Achte auf den Frommen und schau auf den Redlichen! Denn Zukunft hat der Mann des Friedens … (Psalm 37) … Er (der Böse) *hat böses im Sinn; er geht Schwanger mit Unheil, und Tücke gebiert er. Er gräbt ein Loch, er schaufelt es aus, doch er stürzt in die Grube, die er selber gemacht hat. Seine Untat kommt auf sein eigenes Haupt, seine Gewalttat fällt auf seinen Scheitel zurück. Ich will dem Herrn danken, denn er ist gerecht; dem Namen des Herrn, des Höchsten, will ich singen und spielen. (Psalm 7)*
Ein Jesus Christus hat längeren Bestand und eine größer Auswirkung als ein Hitler oder Stalin; und auch wie andere Mächtige ohne Größe die es in jedem Land in der Vergangenheit gab oder zurzeit gibt. Jesus Christus hat unzählige Wesen vor ihrem geistigen und äußeren Leiden bewahrt, tut dies noch immer und wird es immer tun, und Hitler und andere mächtige böswillige Politiker haben zwar sehr gewütet, aber letztendlich bleibt von ihnen nichts.

 Doch die Bösen müssten nicht in ihrem geistigen Zustand der Hölle bleiben, den sie auch anderen auferlegen wollen. Die wirklichen Bösen sind jedoch kaum zu bekehren, sie wollen absolut nicht das Gute.

 Und seltsamerweise wollen sich viele Menschen, die so im lauen Mittelfeld umher schwimmen, ebenso nicht helfen lassen, nicht glücklich sein, keine Lehre ganz annehmen. Diese muss man ebenso lassen. Sollen sie weiterhin Dinge tun, die sie selbst leiden lassen. Sie sind nicht wirklich Böse, doch sie sind auch nicht einsichtig. Möglicherweise kommt irgendwann der Punkt wo sich doch noch bekehren möchten.

Man kann sich verändern. Diese Tatsache ist mir bewusst, denn auch ich habe dieser Welt ja schon geschadet. Deshalb war ich elend und bin es immer noch ein wenig. Seit zehn Jahren bin ich auf einem spirituellen Weg und vieles ist bereits besser geworden, ich fühle mich oft wohl, mein Umfeld leidet nicht mehr stark unter mir. Dennoch bin ich auf eine mir eigentümliche Weise immer noch elend, - denn seit vielen Jahren möchte ich - nur in manchen Momenten - Mönch werden, da die Gegenwart Gottes im ständig neuen Moment eine wundervolle ist und ein Kloster bietet dafür gute Voraussetzungen - fern von all den weltlichen Versuchungen -, und durch den Wachstum in ihm könnte ich anderen Wesen auch spirituell, also konkret, helfen, wenn sie denn Heilung suchen und die Lehre, also die Liebe, annehmen, - doch gleichzeitig kommt hin und wieder die Begierde nach der ein und anderen schönen Frau in mir hoch, die mich unter anderem von einem Klostereintritt abhält. Außerdem fehlt mir eventuell noch die Selbstdisziplin, die endgültige Hingabe, das vollständige Vertrauen, die beständige Gottesliebe, um an einem solchen Ort zu bestehen.

Der gelegentlich auftauchende Gedanke an „guten" Sex hält mich noch ab gänzlich loszulassen. Manchmal habe ich seltsame Fantasien, denen ich mich dann auch nicht immer erwehren kann, vorallem dann nicht, wenn mein Geist ermüdet ist. Ich denke sie stammen aus verschiedenen von außen auf mich eingeströmten Einflüssen aus meiner Kindheit und Jugend. Ich habe meine Geschichte, jeder hat seine, und jeder hat mit anderen Erfahrungen umzugehen. Ich verurteile mich nicht deswegen, weil wir nicht werten - nicht richten - sollen, auch uns selbst nicht. Gott liebt mich trotzdem, denn er liebt bedingungslos. Ich versuche daraus zu lernen und das Beste aus meinem Leben zu machen, so weit zu entsagen, loszulassen, wie es mir eben möglich ist. Von Schritt zu Schritt gelingt mir dies besser. Und letztendlich wirkt Gott alles Gute in mir, ohne ihn kann ich nichts vollbringen, ich sollte es nur annehmen.

Wenn ich mich nun jedoch einer Frau hingeben würde, weil ich also sage, ich schaffe es nicht Mönch zu werden, ich suche mir eine Freundin und wir zwei haben dann Freuden, auch die der körperlichen Zuneigung miteinander, dann merke ich, auch das bleibt mir verwehrt, da ich keine erkenne, die mich mag; bisher war es jedenfalls so. Ich sollte für diese Situation aber auch dankbar sein, da so meine Begierde nicht noch zusätzlich genährt wird.

Vielleicht mag mich auch eine Frau, auch das ist nicht gänzlich unwahrscheinlich, aber ich weiß von keiner. Und wenn, dann sollte jedoch ihr Wesen und ihr Äußeres für mich schon mindestens ein wenig anziehend sein, eine Frau die mich nicht anspricht und ich sie nicht, so eine Beziehung hätte für niemanden einen Sinn.

Wenn mich dann eine Frau findet, sollte ich nicht davon reden Mönch zu werden, also davon sie zu verlassen, und wenn ich Mönch werde, sollte ich mit diesem anderen Thema einigermaßen bis ganz abgeschlossen haben. Es ist interessant zu warten was passiert, auch wenn ich manchmal das Gefühl habe, das nichts passiert. Welcher Weg für mich der beste ist, das weiß nur Gott. Ich denke es ist auch schon alles vorgezeichnet. Das glaube ich, auch wenn dies viele nicht so sehen.

Wie gesagt: Zurzeit bin ich manchmal unfähig zu dem einen, wie zu dem anderen. Und, ja, ich kenne die Methoden gegen die Begierden, jede Religion hat ihre, die Christen den Lobpreis, sowie das Gedenken an Jesus Christus und ähnliches; dadurch werden die Begierden zwar abgeschwächt, und das ist schon gut, kommen aber bei mir im Moment noch immer wieder, weil ich meine Gedanken noch nicht gänzlich bei Gott halten kann, sonst wäre ich ja schon vollkommen erleuchtet. Irgendetwas mache ich noch falsch. Ich lasse mich noch gerne ablenken. Aber es ist auch verständlich, dass ich irgendwann ermüde und so einfach auch mal Gedankenströme durch mich rauschen. Wenn sie nicht ganz schlimm sind, lasse ich sie auch mal zu, ich muss sie ja nicht in die Tat umsetzen. Manchmal sind diese auch interessant, - insofern was es alles neben dem reinen Gott noch gibt -, und sie hören ja wieder auf.

Um Mitternacht aber beteten Paulus und Silas und lobsangen Gott; und die Gefangenen hörten ihnen zu. Plötzlich aber geschah ein großes Erdbeben, sodass die Grundfesten des Gefängnisses erschüttert wurden; und sofort öffneten sich alle Türen, und aller Fesseln (der Begierden) *lösten sich. (Apostelgeschichte 16.25,26)* Ich denke ich werde dem Gebet der Psalmen wie dem „Vater Unser", und vor allem dem alleinigen Atmen mit dem gleichzeitigen Gedenken an Jesus Christus, in meinem Leben noch mehr Zeit und Platz einräumen, denn so kann das ewige geistige reine Sein ohne Trübung von weltlichen Gedanken bei mir immer wieder ungetrübt existieren, und das Nachdenken über die Möglichkeit der Erfüllung von gewissen begehrlichen Gedanken nimmt ab; ich sage bei mir werde ich so tun, denn jeder Mensch hat seine eigene spirituelle Praxis, manche lassen sich einfach nur von Gottes Liebe erfüllen, und lieben, und dann atmen sie achtsam, und sind somit befreit.

Ich denke, das mit der Liebe unter Mann und Frau, auch das mit der körperlichen, ist nicht so kompliziert wie ich meine. Vielleicht sollte ich einfach ein Angebot nicht abwehren, - weil sich die Frauen oft den Partner aussuchen -, sondern es annehmen, aber auch nicht enttäuscht sein, wenn nichts passiert. Seit sehr langer Zeit jedoch gibt es kein Angebot für mich. Vielleicht bin ich ja auch nicht liebenswürdig. Sogar richtige Mistkerle voller Gewalt und anderen negativen Eigenschaften haben manchmal eine Partnerin. Anscheinend bin ich noch widerlicher als solche Männer, obwohl ich mir derzeit keiner größeren

Schuld bewusst bin; ich kann das Anhand meiner derzeitigen sichtbaren Taten beurteilen.

Bis auf diverse seltene Aussetzer meiner Gedanken und Taten, habe ich mich, denke ich, schon davon entfernt, richtig widerlich zu sein.

Vielleicht bin ich trotzdem noch nicht so weit, für das gänzliche Mensch sein, wie für eine Beziehung zu einer Frau, und deshalb kann es noch nicht passieren; das eine oder das andere muss dafür noch vergehen oder wachsen.

Ich bin elend im weltlichen Sinne, vielleicht auch im spirituellen. Bisher habe ich, bis auf ein wenig Kunst und einige Jahre spirituelles Leben als Anfänger, nicht viel erreicht, davor sogar viel gesündigt, aber ich habe auch immer wieder Gutes getan, und erst recht seitdem ich in den letzten Jahren aufrichtig darum bemüht war, Kinder, durch mein angenommenes immer beständigeres Denken an die Liebe Jesu Christus, im Guten zum Guten hin zu erziehen, indem ich achtsam für sie da bin. Möglicherweise hat auch dieses Buch seinen Sinn und ist eines der heilsamen Dinge die ich mit Gottes Hilfe zustande gebracht habe, denn ohne ihn hätte ich nichts tun können; zum Beispiel eben keine Kinder annähernd vernünftig und achtsam zu betreuen und auch keine schöne Kunst zu erschaffen. Kunst war mir wichtig, seit ich sie realisiert habe, weil sie mir, Hinweise zur Liebe geben hat, sofern sie etwas Essentielles zu sagen hatte. Ich bin nun endlich zufrieden mit einem Kunstwerk von mir, ich weiß nur nicht, ob ich es jemals veröffentlichen werde, denn es wartet niemand darauf, wird von der Thematik nicht allzu viele interessieren, wird in der Masse der Kunstwerke wahrscheinlich nicht wahrgenommen werden, genauso wie Menschen einander manches Mal nicht wahrnehmen. Es ist auch nicht von Bedeutung, ob es bemerkt und gemocht wird. Nur eines ist notwendig. Gottes Vergebung und Gottes Liebe zu erkennen und anzunehmen, dann ist man auch ohne die Wahrnehmung und Zuneigung von anderen immer geliebt.

Ohne Gottes Gnade wäre ich verloren gegangen, gänzlich im Dreck den keiner will versunken, auf meiner Jagd nach den toten Götzen, den toten Vergnügungen. Er hat mich bisher wieder etwas rein gewaschen, durch Menschen die ich traf und die mein unheilsames Denken und Handeln liebevoll angesprochen haben und ich dies dann reflektiert habe, sowie durch die Impulse zum Gebet, durch die Gottesdienste, das Lesen von heilsamen Texten, durch Belehrungen, auch von Buddhisten, und vielem mehr. Dies alles reinigt mich mehr und mehr.

 Doch Gott liebt uns erst recht als noch begrenzte Menschen, deswegen wurde er auch ein sichtbarer Mensch in Gestalt von Jesus Christus, damit wir an seine Liebe zu uns Menschen glauben können, und um uns somit zu helfen. Wären wir hier auf Erden alle in bester Ordnung, dann hätte er ja nicht als leibhaftige und geistige „Medizin" erscheinen müssen.

Die welche leiden bedürfen seiner Liebe mehr, als diejenigen, welche bereits auf dem sicheren Weg gehen.

Er richtet uns nicht wegen unseren Sünden, sondern er möchte uns helfen, von ihnen und ihren Auswirkungen loszukommen. Er möchte uns helfen gesund zu werden.

Im Grunde ist seine Medizin sehr einfach: Ich soll ihn, Gott, einfach lieben, - auch weil er uns alle liebt -, und mich und andere nicht richten, dann wird alles gut: *Ihr richtet nach dem Fleisch, ich richte niemand. Wenn ich aber auch richte, so ist mein Gericht wahr, weil ich nicht allein bin, sondern ich und der Vater, der mich gesandt hat. Aber auch in eurem Gesetz steht geschrieben, dass das Zeugnis zweier Menschen wahr ist. Ich bin es, der von mir selbst zeugt, und der Vater, der mich gesandt hat, zeugt von mir. (Johannes 8.15-18)* Gott bezeugte Jesus Christus vor allen Anwesenden bei der Taufe durch Johannes dem Täufer im Jordan, dass er Gottes Sohn ist, auch weil er durch dessen reinen Samen von Gott stammt, denn der Same kam ja bekanntermaßen von Gottes heiligem Geist und nicht von Josef. Die Liebe erschien auf Erden und die Liebe kann man in dieser Gestalt, und mit dem von dieser Gestalt gegebenen Wissen über Liebe und deren vollständiger Umsetzung, ruhigen Gewissens konkret lieben, weil Gott in dieser Gestalt jeden liebt.

Wie der Vater mich geliebt hat, habe ich euch geliebt. Bleibt in meiner Liebe! Wenn ihr meine Gebote haltet, so werdet ihr in meiner Liebe bleiben, wie ich die Gebote meines Vaters gehalten habe und in seiner Liebe bleibe. Dies habe ich zu euch geredet, damit meine Freude in euch ist und eure Freude völlig wird. Dies ist mein Gebot, dass ihr einander liebt, wie ich euch geliebt habe. Größere Liebe hat niemand als die, dass er sein Leben hingibt für seine Freunde. (Johannes 15,9-14)

Die zehn Gebote von Gott im alten Testament sind eine Richtlinie, ein Plan wie man zur glücklich machenden Liebe gelangt. Und in diesen Plan kann man immer tiefer eindringen, ihn besser verstehen, je mehr man sich mit diesem beschäftigt.

Ich denke, der Sinn des Lebens ist zu lieben und somit glücklich zu sein. Ohne Liebe ist das Leben nicht lebenswert; ohne sie lebt man nicht, ist man vielmehr geistig tot. Wenn *wir* uns an das unverfälschte Wort von Jesus Christus halten, dann ist die Liebe zu Gott und zu den Wesen, das höchste Ziel des Lebens, dasjenige, welches die meiste menschliche, herzliche und geistige Frucht bringt.

Und wie Gott Jesus Christus zur Freude, und durch den Tod zum ewigen Leben geführt hat, so führt er auch *uns*, weil er allmächtig und die Liebe ist. *Gott ist gnädig und barmherzig, geduldig und reich an Gnade. Gott ist gütig zu allen, sein Erbarmen waltet über all seinen Werken. (Psalm 145.8,9)* Wenn *wir* Gott, oder Jesus Christus vertrauen, bemerken *wir*, dass er *immer* für uns da ist, für uns sorgt: durch Licht und vieles weitere. Und selbst wenn es nicht so erscheinen mag, ist er in seiner gütigen Vorsehung für uns da.

6. Liebe lernen - 1. Teil
(Gedanken im Winter)

Die Zehn Gebote sagen aus was, und was nicht, Liebe ist. Sie sagen „Du sollst", „wenn Du glücklich sein willst", und nicht „Du musst." Das ist Liebe, sie lässt uns Freiheit. Doch sie ist auch so geschickt, dass wir ihr oft gerne folgen.

Ich hole euch heraus aus den Völkern, ich sammle euch aus allen Ländern und bringe euch in euer Land. Ich gieße reines Wasser über euch aus, dann werdet ihr rein. Ich reinige euch von aller Unreinheit, von all euren Götzen. Ich schenke euch ein neues Herz und lege einen neuen Geist in euch. Ich nehme das Herz von Stein aus euerer Brust und gebe euch ein Herz von Fleisch. Ich lege meinen Geist in euch und bewirke, dass ihr meinen Gesetzen folgt, auf meine Gebote achtet und sie erfüllt. Dann werdet ihr in dem Land wohnen, das ich euren Vätern gab. Ihr werdet mein Volk, und ich werde euer Gott sein. (Der Prophet Ezechiel, Hesekiel, 36.24-28)

Die zehn Gebote:
Und Gott redete alle diese Worte und sprach:
1. Ich bin JAHWE, dein Gott, der ich dich aus dem Land Ägypten, aus dem Sklavenhaus, herausgeführt habe. (Ein nun Gott zugewandter Mensch war zuvor ein Sklave von Begierden und anderen Verblendungen wie Unglaube und Hass.)
Du sollst keine anderen Götter haben neben mir.

2. Du sollst dir kein Götterbild machen, auch keinerlei Abbild dessen, was oben im Himmel oder was unten auf der Erde oder was im Wasser unter der Erde ist. Du sollst dich vor ihnen nicht niederwerfen und ihnen nicht dienen. (Viele Menschen haben eigene Götzen oder auch selbstgeschaffene Gottesbilder, also Vergnügungen und Leidenschaften.) *Denn ich, JAHWE, dein Gott, bin ein eifersüchtiger Gott, der die Schuld der Väter heimsucht an den Kindern, an der dritten und vierten (Generation) von denen, die mich hassen* (die Erbsünde)*, der aber Gnade erweist an Tausenden (von Generationen) von denen, **die mich lieben** und meine Gebote halten.* (Positive Eifersucht ist Liebe, da sie das geliebte Wesen von anderen nicht als bloßes Objekt der Begierde gesehen haben will, sondern als wertvolles gänzlich liebenswertes Geschöpf. Diese Liebe wird durch das erste und zweite Gebot bewiesen: Sie sagen dass es Gott gibt und zwar nur einen, und dass wir nicht an einen anderen Gott glauben sollen, und dass er uns Gnade erweist, uns von unseren inneren leidbringenden Feinden, den Sünden, befreit, und dass es schön wäre, wenn wir ihn dafür aus Dankbarkeit lieben würden.)

3. Du sollst den Namen JAHWES, deines Gottes (und ebenso den seines Sohnes JESUS CHRISTUS)*, nicht zu Nichtigem aussprechen, denn JAHWE wird den nicht ungestraft lassen, der seinen Namen zu Nichtigem ausspricht* (, oder gar in seinem Namen tötet.)

4. Denke an den Sabbattag (Sonntag)*, um ihn heilig zu halten. Sechs Tage sollst du arbeiten und all deine Arbeit tun, aber der siebte Tag ist Sabbat* (vom hebräischen *schabat,* das heißt *ausruhen*) *für JAHWE, deinen Gott. Du sollst (an ihm) keinerlei Arbeit tun, du und dein Sohn und deine Tochter, dein Knecht und deine Magd und dein Vieh und der Fremde bei dir, der innerhalb deiner Tore wohnt. Denn in sechs Tagen* (möglicherweise ein Gleichnis für sechs Zeitabschnitte) *hat JAHWE den Himmel und die Erde gemacht, das Meer und alles, was in ihnen ist, und er ruhte am siebten Tag, darum segnete JAHWE den Sabbattag und heiligte ihn.* (Heilig bedeutet auch: von negativen weltlichen Dingen ausgesondert. Vieles in der Welt ist auch positiv: zum Beispiel ein gelassener Spaziergang in der Natur.)

5. Ehre deinen Vater und deine Mutter, damit deine Tage lange währen in dem Land, das JAHWE, dein Gott, dir gibt.

(Vater und Mutter haben mich genährt, gekleidet, ein Dach über dem Kopf ermöglicht, damit ich nicht friere … als ich dies alles noch nicht aus eigener Kraft konnte. Ich wäre ohne dem was sie für mich getan haben gestorben. Mögen sie auch Fehler gemacht haben, mag die Liebe auch oft materieller Art gewesen sein; es fällt nicht zu sehr ins Gewicht, denn ich habe auch Fehler gemacht, wie jeder Fehler macht. Nun möchte ich ein guter Sohn sein, - sowie für sie beten, soweit es für mich möglich ist -, denn fast alle Eltern möchten gute Kinder haben; dann habe ich einen Wunsch erfüllt, dann habe ich nichts zu bereuen, wenn sie sterben, woanders hingehen, wie auch wenn ich sterbe. Ich denke, ich muss mir um sie auch nicht so viele Sorgen machen, denn sie haben ebenfalls ihr mögliches Bestes als Eltern gegeben, wie auch meine Schwester als Mutter; und Gott lenkt es für alle so wie es am besten ist, auch wenn wir seine Wege nicht immer verstehen.)

6. Du sollst nicht töten. (Du sollst nicht hassen, schreien, schlagen.)

7. Du sollst nicht ehebrechen. (Es erzeugt Leid für die zurückgelassene Person, und wenn vorhanden auch für die Kinder.)

8. Du sollst nicht stehlen. (Sogar ganze Länder stehlen anderen Ländern geschickt ihre Rohstoffe, wovon diese leben könnten. Und die jetzige Generation beraubt der nachfolgenden durch all den Müll eine saubere Welt).

9. Du sollst gegen deinen Nächsten nicht als falscher Zeuge aussagen. (Du darfst liebevoll die Wahrheit über andere sprechen, wenn es ihnen nicht schadet. Du musst es aber nicht. Nur so lernen wir zu unterscheiden, so können sich andere bessern; - und so lernen wir auch uns selbst zu korrigieren, weil wir nur das im anderen sehen was wir auch in uns selbst tragen.)

10. Du sollst nicht das Haus deines Nächsten begehren. Du sollst nicht begehren die Frau deines Nächsten, noch seinen Knecht, noch seine Magd, weder sein Rind noch seinen Esel, noch irgendetwas, was deinem Nächsten gehört. (Aus der Begierde entsteht die Tat. Es wird dann dem Nächsten das weggenommen, was er liebt oder braucht, was ihm von Gott gegeben wurde, und darunter leidet er. Dies gilt wie geschrieben auch für ganze Nationen, die kollektiv begehren können, und so entstehen Kriege.) *(Die Zehn Gebote 2. Mose 20.1-17)*

Meine unvollständigen Anmerkungen über die zehn Gebote mögen nicht vollständig richtige sein, doch nur bis zu diesem geringen Punkt habe ich die zehn Gebote, - neben deren eindeutiger Bedeutung -, die unendlich tief sind, bis dato verstanden. Man möge mir die Fehler verzeihen.

Beim lesen der Zehn Gebote fällt mir auf: Ich habe alle Gebote der Liebe schon gebrochen und somit Hass gesät, der mir und denen die ich Liebe geschadet hat. Doch Gott ist ein barmherziger und vergebender Gott. Das steht mehrfach in der Bibel; es heißt zum Beispiel: *Wenn wir unsere Sünden* (direkt vor ihm) *bekennen, ist er treu und gerecht, dass er uns die Sünden vergibt und uns reinigt von jeder Ungerechtigkeit. …, ich schreibe euch dies, damit ihr nicht sündigt, und wenn jemand sündigt – wir haben einen Beistand bei dem Vater: Jesus Christus, den Gerechten. Und er ist die Sühnung für unsere Sünden, nicht allein aber für die unseren, sondern auch für die ganze Welt. (1. Johannes 1.9, 2.1-2)* Jesus Christus nimmer unsere Sünden auf sich, Gott nimmt sie auf sich, damit wir nicht unter den Auswirkungen von unseren unheilsamen Taten geistig leiden.

Nun bemühe ich mich die Gebote der Liebe einzuhalten, um Gottes Schöpfung möglichst nicht zu schaden, um denen die ich liebe nicht zu schaden, um die Liebe zu lernen und sie zu tun, um ihr zu erlauben in mir zu wachsen indem ich mein verblendetes Ich loslasse, und um so glücklich zu sein, wie es sich Gott für mich und alle seine Kinder wünscht. Jesus Christus ist durch Gottes heiligen Geist die Verkörperung und Erfüllung aller Gebote; wer an ihn glaubt, auf ihn vertraut, eventuell nur an ihn denkt, berührt Gottes Liebe.

Jesus sprach nun wieder zu ihnen: Wahrlich, wahrlich, ich sage euch: Ich bin die Tür der Schafe. Alle, die vor mir gekommen sind, sind Diebe und Räuber, aber die Schafe hörten nicht auf sie. Ich bin die Tür; wenn jemand durch mich hineingeht, so wird er gerettet werden und wird ein – und ausgehen und Weide finden ... Ich bin gekommen, damit sie Leben (ist gleich Liebe) *haben und (es in) Überfluss haben. Ich bin der gute Hirte, der gute Hirte lässt sein Leben für die Schafe. (Johannes 10.7-11)*

7. (Gedanken über den) Tod

An einem der folgenden Tage wird mir wieder einmal stark bewusst, dass ich jeden Moment sterben kann. Ein langes Leben ist nicht gewiss. Aber ich habe keine Angst mehr vor dem Sterben. Bevor Jesus Christus mich berührt hat, hatte ich Angst vor den Auswirkungen meiner begangenen Sünden oder vor einem Nichts, einem totalen Verlöschen. Jedes Wesen stirbt einmal körperlich und jede Religion sagt, dass doch etwas weitergeht. Ich denke Religionsstifter haben etwas mit ihrem Herzen gesehen.

Ich durfte Gott erkennen und ihn, in allem, was er ist, durch ihn ein wenig lieben; - ich schreibe in allem, denn für mich ist er alles was existiert, sonst wäre er nicht Gott, der Ursprung von allem -; und nun kann ich in Frieden sterben, weil ich gelegentlich lieben durfte. Ich weiß nicht wo mein Geist, oder mehr noch mein Geistherz, landet, nach meinem Tod. Ich kann nur hoffen und auf die Lehre vertrauen. *Und er* (*, der sterbende Sünder,*) *sprach: Jesus, gedenke meiner, wenn du in dein Reich kommst! Und er sprach zu ihm: Wahrlich, ich sage dir: Heute wirst du mit mir im Paradies sein. (Lukas 23,42-43)* Noch heute, jetzt, wenn du auf Gott vertraust, glaubst. Jesus Christus hat darüber, was nach seinem Tod geschieht, gesagt: *Und Jesus rief mit lauter Stimme und sprach: Vater, in deine Hände übergebe ich meinen Geist! Und als er dies gesagt hatte verschied er. (Lukas 23,46)* Er hat kurz vor seinem irdischen Tod gesprochen, dass er seinen Geist in jenem Moment in die Hände von Gott im Himmel legt; er hat nicht gesagt meine Seele oder meinen Körper. Und er hatte in seinem Geist sicherlich keinen Gedanken an ein großes Haus, ein teures Auto, ein volles Bankkonto, eine schöne junge blonde Frau, an vergänglichen Ruhm oder autoritäre Macht. Was war in seinem reinen liebenden Geist, und was ist in unserem? In seinem Geist war wahrscheinlich unter anderem Vergebung und die unendliche bedingungslose Liebe des einen Gottes.

Wenn ich sterbe, habe ich dann Gottes pures Sein geliebt in seinem unendlichen ewigen Geist, von dem ich nur einen Funken besitzen, - der aber mit dem gesamten Geist verbunden ist -, und mit dem ich mich aus Liebe frei entscheiden darf, was ich denke, und somit was ich werde? Denn seinen Kindern Freiheit zu gewähren ist auch Liebe. Habe ich auf seine Nachricht, Warnung, auf sein liebendes Angebot - in Frieden unendlich und glückselig zu leben - gehört, oder was haben ich gedacht?

Er hat auch gesagt: ... *in deine Hände.* Er möchte nicht gemütlich im Schoß liegen, sich beim Vater ausruhen, der ihn beschützt und liebt. Er wird zu einem Werkzeug in den Händen der Liebe, er stärkt den heiligen Geist. Die Liebe wirkt sich in den Werken der Hände aus, dafür haben wir Hände bekommen.

Alle Menschen sind ein Teil des Vaters, von Gott, und in unsere gelegentlich verdreckten Geister legt er den Geist von seinem Sohn Jesus Christus, wenn seine Kinder, seine Geschöpfe, wir, ihn annehmen. Jesus Christus ist wie eine qualitativ hochwertige Seife, wobei ich ihn nicht auf ein Stück Seife reduzieren möchte, aber es dient der Veranschaulichung. So werden unsere Sinne, unser Gefühle, unser ganzes Mensch-Sein, gereinigt, wir erkennen die Schönheit der gesamten Schöpfung, das von einigen unreinen Geistern verursachte Leid, und die trotzdem herrschende Liebe, das Mitgefühl zu allem.

Wenn ist sterbe ist dies nicht mein Ende, sondern der Anfang von etwas das bereits in diesem Leben begonnen hat.

„Das ist das Ende – für mich der Anfang des Lebens."
(Dietrich Bonhoeffers letzte Worte: Widerstand und Ergebung)

8. (Gedanken über) Entsagung

Wir alle sind vergänglich. Und was erwartet uns nach dem Tod? Folgendes habe ich ein paar mal von diesem und jenem gehört: Der Geist ist unsterblich. Was für Gedanken nehmen wir mit in einem Geist der unendlich ist? Nehmen wir Gedanken in uns mit an den Feind, an den Hass?

 Es ist ein Paradox: in dem Gedanken an den Tod liegt die Entsagung vor dem Feind in uns, in ihm liegt die Überwindung. Dieser Gedanke ist zudem angeblich die stärkste Medizin, das habe ich irgendwann ebenfalls gehört. Es heißt wer über den Tod nachdenkt, dessen Ego in einem stirbt, der ist reiner Geist, Sein, der kann nicht hassen, begehren, u.s.w., der erwacht im Hier und Jetzt.

 Dies stimmt, jedoch nicht ganz, denn der Gedanke an die Liebe Gottes ist eine noch stärkere Medizin, da er den Tod - der doch irgendwann eintritt – im positiven mit einer großen Zuversicht überwindet, so wie Jesus Christus den Tod überwunden hat; die Auferstehung in Gottes Liebe zeigt uns das großzügige Geschenk der von Gott geschaffenen Schönheit eines Erdentages voller wärmendem hellen Licht im Hier und Jetzt, und verheißt uns somit und zudem eine weitere unendliche glückliche Zukunft.

 Wie sehr ist alles Weltliche vergänglich, und vor lauter Hast im Jagen und Greifen nach Nichts, nehmen wir oft nicht wahr, was in uns und um uns alles gegeben ist.

54

Einige Menschen berauben sich dabei oft ihres eigenen Lebens.

„Herr, tu mir mein Ende kund und die Zahl meiner Tage! Lass mich erkennen, wie sehr ich vergänglich bin! Du machtest meine Tage nur eine Spanne lang, meine Lebenszeit ist vor dir wie ein Nicht. Ein Hauch nur ist jeder Mensch" Nur wie ein Schatten geht der Mensch einher, um ein Nicht macht er Lärm. Er rafft zusammen und weiß nicht, wer es einheimst. Und nun, Herr, worauf soll ich hoffen? Auf dich allein will ich harren (warten). *(Psalm 39)*

Denn man sieht: Weise sterben; genauso gehen Tor und Narr zugrunde sie müssen andern ihren Reichtum lassen. Das Grab ist ihr Haus auf ewig, ist ihre Wohnung für immer, ob sie auch Länder nach ihren Namen benannten. Der Mensch bleibt nicht in seiner Pracht, er gleicht dem Vieh, das verstummt. So geht es denen, die auf sich selbst vertrauen, und so ist das Ende derer, die sich in großen Worten gefallen. Der Tod führt sie auf seine Weide wie Schafe, sie stürzen hinab zur Unterwelt. Geradewegs sinken sie hinab in das Grab; ihre Gestalt zerfällt, die Unterwelt wird ihre Wohnstatt. Doch Gott wird mich loskaufen aus dem Reich des Todes, ja, er nimmt mich auf. (Psalm 49)

Alles, wirklich alles, woran wir hängen, anhaften, was wir begehren, wird vergehen, unsere Angehörigen, Verwandten, Freunde, Bekannten, auch unser Körper, mit dem wir uns so stark identifizieren, und natürlich erst recht noch nichtigere Sachen wie ein übertriebener materieller, weltlicher Reichtum, ein großes Haus, ein teures Auto, die junge Geliebte, der Geliebte, Objekte der weltlichen Sinnesbefriedigung, also die Gier nach weltlichen Gefühlen, eine mächtige oder ruhmreiche Stellung, unnützes weltliches Wissen; nur unser Geist vergeht nicht. Was haben wir dann darin angesammelt, gespeichert, in den Geist hineingelassen, selbst hineingetan? Nur Weltliches, oder auch Spirituelles, oder sogar viel Spirituelles?

Allen deinen Werken gehe freiwillige Hingabe deiner selbst in die Hände Gottes voraus, wenn du zu Gnade und Freiheit gelangen willst. Eben deshalb finden sich so wenige erleuchtete und innerlich freie Menschen: sie können sich selbst nicht gänzlich verleugnen. Fest steht mein (Jesus Christus) *Wort: „Wer nicht allem entsagt, kann mein Jünger nicht sein."* (Lukas 14.33) *Willst du also zu meinen Jüngern* (Schülern) *zählen, so opfere mir dich selbst samt allen deinen Neigungen. (Thomas von Kempen: Die Nachfolge Christi: Viertes Buch, Kapitel 9)*

Alles wird vergehen, alle Wünsche unseres Willens, da sogar das Universum vergehen wird. Dass die Materie vergeht ist nicht negativ zu sehen. Wenn ich sage, das Universum vergeht, so ist an ihm - vor allem an der Welt - nichts Negatives, das uns egal sein könnte, und das wir zerstören können; die Materie hat ihren Wert, der Körper trägt auf dieser Erde unseren Geist, aber der Geist steht über der Materie, weil er unvergänglich ist, im Gegensatz zum Körper.

Auch die Materie ist Energie, aber der Geist ist reine Energie. Die Materie, der Leib, ist auch Gott, ist wichtig, hat seine Funktion, doch darüber noch steht der Geist Gottes.

Ich erinnere mich an ein Gespräch mit einem befreundeten Christen, welches sich auf einen Text eines heiligen Schülers Jesu Christi, auf Paulus, bezieht. Es lautet: *Die ganze Schöpfung wartet sehnsüchtig auf das Offenbarwerden der Söhne Gottes. Die Schöpfung ist der Vergänglichkeit unterworfen, nicht aus eigenem Willen, sonder durch den, der sie unterworfen hat; aber zugleich gab er ihr Hoffnung: Auch die Schöpfung soll von der Sklaverei und Verlorenheit befreit werden zur Freiheit und Herrlichkeit der Kinder Gottes. Denn wir wissen, dass die gesamte Schöpfung bis zum heutigen Tag seufzt und in Geburtswehen liegt. Aber auch wir, obwohl wir als Erstlingsgabe den Geist haben, seufzen in unserem Herzen und warten darauf, dass wir mit der Erlösung unseres Leibes als Söhne offenbar werden.* (Römer 8.19-23)

Er sagte: „Die Kinder Gottes … sogar Bäume tragen mehr Früchte in ihrer Gegenwart."

Ich dachte: Das stimmt. Weil alles ist mit allem verbunden. Gott ist in denen von uns die es zulassen, und das wirkt sich auf alles weitere aus. Paulus sagt ja: Wir leben und weben in ihm.

Ich musste dann an den Apfelbaum im christlichen Kindergarten denken der so schöne Früchte trägt wegen der Kinder Gottes um ihn herum.

Ich fragte: „Die Stelle mit der Herrlichkeit der Kinder Gottes … Es heißt dort: Auch die Schöpfung die der Vergänglichkeit unterworfen ist … soll befreit werden?"

„Das ganze Universum …"

„ … wird dann erlöst?!" – „Ja!"

9. Über die Überwindung, von Begierde und Hass, von Leid

(Ich-Gedanken)

Durch das annehmen des Gebets, oder durch eine beständige Konzentration auf Gott, werden leidbringende Gedanken überwunden.

Zurzeit bete ich verhältnismäßig viel. Nicht ich bin so gut und bete viel, nein, das Herz, Gott, schenkt mir das Gebet: ich denke an Jesus und darf dabei das von ihm gelehrte Gebet „Vater Unser" immer wieder beten, manchmal versinke ich dabei in einen Zustand warmen reinen Seins, in dem mein Rücken sehr gerade wird – der dann wie eine Säule nach oben ragt – und in dem es sich anfühlt als ob Energien rein und ungehindert durch ihn fließen. Ich werde danach mit gereinigten Sinnen und neuer Kraft und Zuversicht in den grauen Alltag, der voller Licht und Farben ist, entlassen.

Auch aus dem Hauptgebetsbuch der Christen, dem Wochenpsalter, - indem die wahrscheinlich ältesten überlieferten Gebete der Menschheitsgeschichte so verteilt sind, dass sie, mit zwei Stunden im Gebet pro Tag, in einer Woche einmal durchgebetet werden können -, darf ich die laut gelesenen Gebete sprechen und versinke in ihrem einmaligen, die inneren Feinde zerstörenden, korrigierenden, auf Gott verweisenden, Reichtum, wenn ich mich auf den Sinn der Worte konzentriere.

Ich spreche Wörter und Sätze aus, die ich noch nie ausgeprochen habe, auf die ich auch nicht selbständig gekommen wäre und die im Alltag ebenso kaum verwendet werden.

Manchmal denke ich nach dem Gebet: Gott liebt mich, und schenkt mir, seinen heiligen Geist zu schauen.

Gestern Abend ist mir in einem ruhigen, sich beständig wiederholenden Gebet des „Vater Unser" aufgefallen, dass ich oft an die allein erziehende Mutter von L., einem Kind aus dem Kindergarten in dem ich arbeite, denke, und in diesem Gedanken steckte auch die Begierde, der Wunsch ihr Gesicht und ihren Körper zu betrachten, zu berühren. Dann habe ich bemerkt, damit ich sie wahrscheinlich nicht berühren kann und werde, - bisher wurde mir so eine Erfahrung, aus vielerlei Gründen, auf jeden Fall nicht zuteil -, warum ich mich also unnötig mit den begehrenden Gedanken quälen sollte, und ich habe mir gedacht, ich kann, darf und soll sie aber lieben, wenn ich an sie denke, sie selten sehe, und mich eventuell kurz mit ihr unterhalte. Dieses Gefühl der reinen uneigennützigen Liebe war schöner, freier, als das der Begierde, es war beglückend im Geist und weil dieser mit dem Körper verbunden ist, auch in diesem.

Meine Gedanken bestehen aus Gewohnheiten, ich denke gewohnheitsmäßig, das was mir durch die Sinne eingetrichtert wurde, wie ich konditioniert - wie ich erzogen - wurde, und was ich davon angenommen habe, das denke ich. Ich denke selten und nicht regelmäßig an die reine Liebe. Möglicherweise denke ich zu viel, zu oft, und oft falsch. Ich könnte aber, nein, ich kann die reine Liebe Jesus Christus, also die liebe Gottes, lieben.

Ursache und Wirkung, außer wenn Gott eingreift, und das tut er oft, ist die Realität, ist die Wahrheit. Das kann jeder Mensch an sich selbst überprüfen: Auf Gedanken des Hasses folgen Taten des Hasses und wir erleben dann, außer bei liebevollen Wesen, auch Rache und Hass von anderen und somit leiden wir, weil wir verletzt werden. Auf Gedanken der Liebe folgen Taten der Liebe und wir erleben dann, ohne Ausnahme, auch Liebe von anderen, - wenn auch manchmal erst verspätet -, und jeder weiß wie gut es sich anfühlt, geliebt zu sein.

Wenn ich also hasse, also nicht liebe, wenn ich etwas für mich begehre, also nicht rein, nicht bedingungslos liebe, - weil die Liebe *nicht ihren Vorteil sucht,* oder anderes ausgedrückt *nicht das Ihre sucht*, nicht eigene Wünsche von dem Geliebten erfüllt haben will, sondern bedingungslos liebt -, dann fühle ich mich unwohl, kann nicht frei von meinen Begierden das Hier und Jetzt mit all seiner Schönheit, mit all seiner Liebe die uns durch Alles am Leben hält, genießen. In den Begierden, den Wünschen eines verdorbenen Ichs, bin ich mit den Gedanken in einer Illusion, in einem irrealen Film, oder in irrealen Bildern, die in meinem Geist auftauchen, gefangen, und dann bin ich mit meiner Wahrnehmung nicht in dem was wirklich im Leben im Hier und Jetzt geschieht.

Durch das Gebet oder den Gedanken an den lieben Gott überwinde ich meine oft unnötigen Gedanken und dadurch berühre ich einen leeren klaren Geist, dadurch erkenne ich wie mich Gott liebt.

Die reine Liebe hat durch Jesus Christus auch gesagt: *„Ich richte niemand." (Johannes 8.15-18)*. Ich richte mich jedoch oft selbst, hasse mich oft selbst, für das was ich an Unheilsamen in der Vergangenheit getan haben, als ich gegen die Liebe in so vielem gefehlt habe, wie ich deshalb anderen kein Glück gebracht habe, und dadurch verpasse ich das Glücklich-Sein im Moment, das Einzige was ich wirklich habe, und das mir die Liebe trotz allem was ich getan habe, durch den Geist, das Herz, den *Atem des Lebens* schenkt; selbst wenn ich in einem Gefängnis sitzen würde oder sterbe, wäre der unendliche reine Geist beglückend.

Manchmal richte ich auch andere, ohne mir dessen bewusst zu sein und unter diesen Bewertungen leide ich, da zu richten bedeutet, - außer wenn es echt ist und von Gott kommt -, den anderen zu verurteilen, ihm nicht zu vergeben, ihn nicht frei zu sprechen; ich bin dann froh wenn ich diese unheilsamen Gedanken erkenne und korrigiere indem ich mich wieder auf die Liebe besinne, an sie denke.

Die Liebe gräbt die schwarze Pflanze in mir, in uns allen, mitsamt ihren Wurzeln aus, damit nichts neues Schwarzes mehr nachwachsen kann; sie gräbt die unheilsamen Gedanken die mich geistig wie körperlich Leiden lassen aus, wenn diese durch die Liebe an Gott schwächer werden, indem sie durch diese Liebe, die den Geist erfüllt, immer weniger Platz in diesem haben, und schließlich verkümmern und enden; da ich die unheilsamen Gedanken gegen heilsame Gedanken austausche, fühle ich mich wohl und glücklich im Geist, im gesamten Geist und im gesamtem Körper. Es kann nur immer ein Gedanke gedacht werden, und der den wir häufiger denken, siegt irgendwann, verdrängt die anderen Gedanken, wird zu einer stabilen festen Gewohnheit. Die schwarze Pflanze mag auf ihre Art mächtig sein, doch gegen die Pflanze der Liebe ist sie wie ein Staubkorn vor der Sonne, wo die weiße die schwarze Pflanze ohne Probleme verdrängt, niederdrückt und schließlich zerstört.

Unser aller Geist ist ursprünglich in einem glücklichen Zustand, das ist die Natur des Geistes, nur verdecken wir dieses Glück oft mit Gedanken voller Hass, Begierden, Eifersucht, Sorgen, Zweifel u.s.w., viele verdecken es durch ihr wie auch immer geartetes Ich, welches etwas übertrieben Bewertetes für sich selbst will. Wer begehrt und nicht bekommt was er begehrt, der hasst oftmals; wer hasst verletzt und wenn der Geschädigte keine liebende Gesinnung hat, dann verletzt er zurück, um sich zu verteidigen; so entsteht Leid für einen selbst wie für andere. Die Liebe erträgt alles, sogar den eigenen Tod, weil sie fühlt, wie der Geist unendlich ist, und weil sie weiß, wie ein ertragen ohne Rache Liebe bringt, und die Liebe möchte lieben und Glück bringen. Das Vorbild ist hier die Kreuzigung von Jesus Christus und seine Auferstehung. Wenn man einen Stein die Treppe runterschmeißt, ist es logisch und wahr, dass er unten landet. Meistens folgt auf eine Ursache eine Wirkung. Wenn man unendlich und bedingungslos liebt, vergibt, und dadurch nicht stirbt, und einfach weiter liebt, dann inspiriert diese Liebe auch zweitausend Jahre später noch Menschen.

Und die Liebe kommt von Gott, er liebt uns immer zuerst, bevor wir ihn nachahmen dürfen, ihm dankbar sein können. Der Geist kommt von Gott, weil so etwas Schönes kein Zufall ist, und die Natur die unseren Körper am Leben erhält stammt ebenfalls von dem Unbegreiflichen.

10. Liebe lernen - 2. Teil: Wie Gott uns liebt
(Ein Gefühl von Licht)

Zuerst einmal ist es wichtig zu wissen, dass Gott uns nicht nur liebt, sondern auch die Liebe ist. Wir sind sofort von allen unheilsamen Gedanken und allem Leid erlöst, wenn wir anerkennen, dass uns Gott liebt und wenn wir diese Liebe annehmen. *Wir haben die Liebe, die Gott zu uns hat, erkannt und gläubig angenommen. Gott ist die Liebe, und wer* (mit seinen Gedanken, seinem Geistherz) *in der Liebe bleibt, bleibt in Gott und Gott in ihm. Darin ist unter uns die Liebe vollendet, dass wir am Tag des Gerichts Zuversicht haben. Denn wie er, so sind auch wir in dieser Welt. Furcht gibt es in der Liebe nicht, sondern die vollkommene Liebe vertreibt die Furcht. Denn die Furcht rechnet mit Strafe, und wer sich fürchtet, dessen Liebe ist nicht vollendet. Wir wollen lieben, weil er uns zuerst geliebt hat. Wenn jemand sagt: Ich liebe Gott!, aber seinen Bruder hasst, ist er ein Lügner. Denn wer seinen Bruder nicht liebt, den er* (leibhaftig) *sieht, kann Gott nicht lieben, den er* (im sicher vorhandenen unsichtbaren Geist) *nicht sieht. Und dieses Gebot haben wir von ihm: Wer Gott liebt, soll auch seinen Bruder lieben. (1. Johannes 4.16-21)*

Jesus Christus sagt: *Wie der Vater mich geliebt hat, habe ich euch geliebt. Bleibt in meiner Liebe! Wenn ihr meine Gebote haltet, so werdet ihr in meiner Liebe bleiben, wie ich die Gebote meines Vaters gehalten habe und in seiner Liebe bleibe. Dies habe ich zu euch geredet, damit meine Freude in euch ist und eure Freude völlig wird. Dies ist mein Gebot, dass ihr einander liebt, wie ich euch geliebt habe. Größere Liebe hat*

niemand als die, dass er sein Leben hingibt für seine Freunde.
(Johannes 15,9-14) Er war schließlich bis zum Äußersten gegangen, was heißt, er hat es unüberbietbar
vollbracht.

Liebe hat für Jesus Christus unter anderem mit
Freundschaft zu tun. Der beste Freund ist Jesus
Christus; er ist für alle gestorben und hat Gott, die
Liebe zu allen, nicht verleugnet, sondern hat auch
noch allen vergeben, die die Liebe verleugnen. In dem
Wort Freund steckt das Wort Freude. Und in dem
Wort Gebot, steckt das Wort Bote, Geben und Bit-
ten. Gott hat uns einen Boten gegeben um uns zu
bitten zu lieben, zu unserem eigenen Glück und zum
Glück der anderen. Und wir sollten bitten um sein
Liebe, das heißt wenigstens hin und wieder beten, um
unseren Nächsten und Geliebten etwas geben zu
können.

Früher habe ich gedacht, ich kann die Liebe so
lernen, indem ich mir die weiter unten folgenden
Merkmale der Liebe verinnerliche, und prüfe welchen
ich schon besitze und welchen nicht. Das stimmt
auch. Doch Gott gibt die Liebe. Und Gott liebte
mich bereits bevor ich auch nur irgendwie aufgebro-
chen bin um sein Gut in mir wachsen zu lassen. Er
liebt vorallem: durch das Licht, die Luft, einen klaren
Himmel und Geist, das Wasser, und die Menschen
und Tiere. Dies allein ist so wunderschön, das Paradies. Wir können die Liebe eigentlich nur erwidern,
sie nicht gänzlich selbst erarbeiten, weil sie schon da
ist. Er gibt zuerst, weil er sie ist.

Ich bin schon geliebt, so wie ich bin, aber ich kann immer wieder einen Teil von ihr, wie noch erklärt werden wird, lernen; da sie jedoch in ihrer unendlichen Fülle bereits existiert, muss ich vor allem auf sie vertrauen, was heißt: an Gott glauben und atmen, um sie im Herzen und als Licht im Geiste zu berühren, um glücklich zu sein.

Als Christ und auch als Mensch sollte man die Evangelien aus dem neuen Testament der Bibel ein wenig kennen, sie bieten mir und uns, die wir viele Fehler machen, eine Orientierung was Mensch sein eigentlich bedeutet.

In ihnen hat Jesus Christus die verschiedenen Wesensarten von Gottes Liebe in der Bergpredigt, und darin in der Seligpreisung, erklärt: Selig sind die geistig Armen, die Trauernden, die sanftmütigen Gewaltlosen, die hungern und dürsten nach der Gerechtigkeit (nach Liebe), die Barmherzigen, die ein reines Herz haben, die Frieden stiften, die um der Liebe willen verfolgt werden.

Der heilige Apostel Paulus hat hernach in eigenen Worten die Wesensmerkmale von Liebe in einer noch feineren Unterteilung erklärt. „Die Seligpreisung" und „das Hohe Lied der Liebe" sind zusammen die genaueste Definition davon was Liebe ist. Es gibt nicht Ihresgleichen in der Geschichte der Menschheit.

Ich kenne drei in der Wortwahl etwas unterschiedliche Übersetzungen ins Deutsche vom „Hohen Lied der Liebe".

Über dieses kann man hervorragend meditieren und es erfüllt einen immer wieder mit Liebe, und somit mit Dankbarkeit und Freude über Gottes Liebe, mit Glück. Dies ist so, da sich der Geist und der Körper glücklich fühlen wenn ein Geschöpf über die Liebe nachdenkt, liebt; das kann jeder an sich selbst überprüfen. Zusätzlich liebt Gott mich, uns alle, genau so, wie es das „Hohe Lied der Liebe" beschreibt, was Liebe ist, weil Gott die Liebe ist. Zum Beispiel rechnet er uns unser „Böses" nicht an.

Dieser Gedanke macht mich glücklich.

Mir bleibt deshalb nur noch dankbar und glücklich zu sein, immer wenn ich mich daran erinnere.

Das Hohe Lied der Liebe des heiligen Apostel Paulus im neuen Testament der Bibel:

Übersetzung ins Deutsche aus der wortwörtlichen Übersetzung der Elberfelder Bibel:

Wenn ich in den Sprachen der Menschen und der Engel rede, aber keine Liebe habe, so bin ich ein tönendes Erz geworden oder eine schallende Zimbel. Und wenn ich Weissagung habe und alle Geheimnisse und alle Erkenntnis weiß, und wenn ich allen Glauben habe, sodass ich Berge versetze, aber keine Liebe habe, so bin ich nichts. Und wenn ich alle meine Habe zur Speisung (der Armen) austeile und wenn ich meinen Leib hingebe, damit ich Ruhm gewinne, aber keine Liebe habe, so nützt es mir nichts.

Die Liebe ist langmütig (lang-mutig ist gleich geduldig), *die Liebe ist gütig, sie neidet nicht, die Liebe tut nicht groß, sie bläht sich nicht auf, sie benimmt sich nicht unanständig, sie sucht nicht das Ihre, sie lässt sich nicht erbittern, sie rechnet Böses nicht zu, sie freut sich nicht über die Ungerechtigkeit; sondern sie freut sich mit der Wahrheit* (mit Gott), *sie erträgt alles, sie glaubt alles, sie hofft alles, sie erduldet alles. Die Liebe vergeht niemals; seien es aber Weissagungen, sie werden weggetan werden; seien es Sprachen, sie werden aufhören; sei es Erkenntnis, sie wird weggetan werden. Denn wir erkennen stückweise, und wir weissagen stückweise; wenn aber das Vollkommene kommt, wird das, was stückweise ist, weggetan werden ... (1.Korinther 13.1-11)*

Übersetzung ins Deutsche aus der Luther Bibel:

Die Liebe ist langmütig und freundlich, die Liebe eifert nicht, die Liebe treibt nicht Mutwillen (hat keine Absichten), *sie bläht sich nicht auf, sie verhält sich nicht ungehörig, sie sucht nicht das Ihre, sie lässt sich nicht erbittern, sie rechnet das Böse nicht zu, sie freut sich nicht über die Ungerechtigkeit, sie freut sich aber an der Wahrheit; sie erträgt alles, sie glaubt alles, sie hofft alles, sie duldet alles. Die Liebe hört niemals auf, wo doch das prophetische Reden aufhören wird und das Zungenreden aufhören wird und die Erkenntnis aufhören wird. Denn unser Wissen ist Stückwerk, und unser prophetisches Reden ist Stückwerk. Wenn aber kommen wird das Vollkommene, so wird das Stückwerk aufhören ... (1.Korinther 13.1-11)*

Übersetzung ins Deutsche aus dem katholischen Wochenpsalter für Laien (EOS Verlag):

Die Liebe ist langmütig, die Liebe ist gütig. Sie ereifert sich nicht (sie muss letztendlich nichts tun), *sie prahlt nicht, sie bläht sich nicht auf. Sie handelt nicht ungehörig und sucht nicht ihren Vorteil* (die eindeutigere Übersetzung ist jenes: *sucht nicht ihren Vorteil,* und nicht wie oben: *sie sucht nicht das Ihre), sie trägt das Böse nicht nach.* (Dieses Buch erwähnt an nachfolgender Stelle nicht das Glück. Denn es heißt: Glück ist süß, Leiden ist bitter. In den vorangegangen Übersetzungen heißt es hier: *sie läst sich nicht erbittern.) Sie freut sich nicht über das Unrecht, sondern freut sich an der Wahrheit. Sie erträgt alles, hält allem stand.* (Hier wird allgemeiner Glaube und allgemeine Hoffnung nicht erwähnt.) *Die Liebe hört niemals auf.*

Auch wenn ich bei der letzten Übersetzung auf fehlende Wörter, auf fehlende Eigenschaften, hinweise, so ist dieser Wochenpsalter in seiner Ganzheit für mein Leben sehr essentiell; ich weiß es mangelt manchmal einfach nur an Platz.

Sechzehn Punkte beinhaltet die Liebe, diesen wenigen Punkten könnte jeder Platz in seinem Leben einräumen und die Welt hätte ein anderes Gesicht.

In den mindestens neun Jahren Schule in Deutschland lernen wir nicht ein einziges Mal diese sechzehn Punkte die uns unsterblich-glücklich machen.

Übersetzung ins Deutsche aus der Einheitsübersetzung:

Diese Übersetzung hat den voranstehenden wenig hinzuzufügen, außer den so wichtigen Aspekt der Zornlosigkeit, der Hasslosigkeit: *Sie … sucht nicht ihren Vorteil, lässt sich nicht zum Zorn reizen, trägt das Böse nicht nach …*

Versuch einer noch verständlicheren, einer zeitgenössischen, Wiedergabe:

Da dieser kurze Text mein Leben verändert hat, im Gegensatz zu allem was ich in der Schule oder sonst wo gelernt habe, habe ich es mir zu meinem eigenen Wohl, zu meinem eigenen ewigen Glück gestattet, einen Text mit einer persönlichen Interpretation, - nicht mehr gebräuchlicher Wörter, die ersetzt sind durch mir verständliche Wörter -, zu erstellen:
Die Liebe ist langmütig: Sie ist mutig und nicht ängstlich, sie ist geduldig, sie erduldet das Böse das ihr angetan wird und dabei vergibt sie es und rächt sich nicht, sie kann auch unendliches Glück ertragen, sie kann warten.
Die Liebe ist gütig: Sie ist gut, also nicht böse, denn das Wort Güte stammt von dem Wort gut; und dies bedeutet sie schadet anderen nicht, lässt andere nicht leiden. Sie ist herzliche, sich der Leidenden erbarmende, vergebende, Zuneigung.
Die Liebe ist freundliche: Sie kennt innige vertrauensvolle Freundschaft; in dem Wort Freund steckt das Wort Freude.

Ein echter Freund ist im Großen und Ganzen gut, aber er macht auch Fehler, wie jeder; und er ist treu.

 Die Liebe ist nicht eifersüchtig: Sie ist nicht neidisch, sie gönnt dem Nächsten seine Frau, seine Kinder, sein Hab und Gut, seinen Erfolg u.s.w., sie freut sich noch mit ihm, auch wenn der Nächste sich über das Bekommene gar nicht so freut.

 Die Liebe tut nicht groß: Sie gibt nicht an. Sie bleibt immer schön klein. Sie ist demütig, sie ist dien-mutig, sie möchte dem anderen dienen und nicht über ihn herrschen, und sie ist bescheiden.

 Die Liebe bläht sich nicht auf: Sie hält sich nicht für besser als andere, sie ist nicht hochmütig, sie ist nicht arrogant, sie ist nicht herablassend, sie kennt keinen falschen Stolz über eine Fähigkeit oder ähnliches.

 Die Liebe handelt nicht unanständig: Sie ist nicht taktlos, unhöflich, rüpelhaft, grob.

 Die Liebe sucht nicht das Ihre: Sie sucht nicht was sie selbst will, sie ist beinahe gänzlich selbstlos, begierdelos, - soweit dies jemand vermag, denn gänzlich selbstlos ist wohl kaum jemand und ich denke wir sollen es auch nicht gänzlich sein; ein kleines Ich liebt sich und sein ganzes Wesen trotz aller Fehler auch selbst -, sie sucht das Glück des Nächsten, indem sie einfach ein Gefühl von bedingungsloser Liebe und Zuneigung für Jeden im Geist hat, sie sucht es selbst auf Kosten des eigenen Lebens.

 Die Liebe lässt sich trotz allem was es an Leid auf dieser Erde und in einem selbst gibt nicht erbittern: Sie bleibt positiv und hoffnungsvoll und zuversichtlich; sie weiß die Liebe ist primär geistlich und wenn irgendwann die Materie in der gegenwärtigen Form, der Körper, vergeht und sich wandelt, so bleibt der Geist, auch wenn er zur Zeit etwas verunreinigt ist, unsterblich. Sogar das Universum wird vergehen, aber der Geist nicht.

Die Liebe lässt sich nicht zum Zorn reizen: Sie hasst nicht, schreit nicht, schimpft nicht, wendet keine Gewalt an. Hass verursacht Leid, und ist das Gegenteil von Liebe welche Glück verursacht.

Die Liebe rechnet Böses nicht zu: Sie vergibt.

Die Liebe freut sich nicht über das Unrecht, sondern freut sich an der Wahrheit: Sie freut sich wenn etwas Liebe, sie freut sich nicht wenn etwas Böse ist, wie wenn zum Beispiel Kinder misshandelt werden.

Die Liebe erträgt alles: Sie lässt sich alles gefallen und wehrt sich nicht.

Die Liebe glaubt alles (was gut ist), sie hofft alles, hält allem stand: Sie hält trotz allem zur Liebe, bleibt ihr treu, auch wenn einige den Körper töten. Glauben ist ein Vertrauen auf den ewigen allmächtigen einzigen Schöpfergott der die Liebe ist, ist also Hoffnung.

Die Liebe hört niemals auf.

Das Hohe Lied der Liebe: Persönliche Auslegung einiger Eigenschaften:

Die Liebe ist langmütig:

Langmut ist Geduld. In dem Wort Geduld steckt das Verb dulden, was bedeutet andere Menschen, Wesen und Situationen zu akzeptieren wie sie sind; und dieses Dulden, diese Akzeptanz ist der Zwischen-schritt von der Ablehnung hin zur Liebe. Geduld bedeutet ursprünglich „ertragen". Jesus Christus hat die Liebe Gottes in sich getragen sowie den Hass der Menschen ertragen. Jesus Christus hat Gott gebeten, dass er jenen vergeben möge, die ihn töten. Er hatte die größte Geduld.

Die Liebe ist gütig:
Das Wort „Güte" stammt von dem Adjektiv „gut".
Glücklich der Mann, der gütig und zum Helfen bereit ist … *(Psalm 112)* Gut sein bedeutet unter anderem zu helfen.

Wer gut ist, ist nicht dessen Gegenteil, also böse, er lässt Böses das anderen schadet in sich nicht zu, nicht den Hass, er ist nicht nachtragend, begehrt nicht ausschließlich für sich selbst u.s.w. Es heißt: *die Liebe tut dem nächsten nichts Böses (Römer 13.10).* Wer also nichts Böses tut, der ist gut, der liebt. Im letzten Vers des von Jesus Christus gelehrten Gebet „Vater Un-ser" heißt es: *rette uns von dem Bösen! (Matthäus 6.13);* das beinhaltet also und heißt: „Gott, hilf uns zu lieben, das Gute zu tun, und deshalb rette uns vor unserem bösen selbstsüchtigen Ich das mir und anderen schadet!"

Die Zehn Gebote und das Hohe Lied der Liebe sagen uns was wir tun sollen um gut zu sein, um ein wenig wie Gottes Liebe auf Erden zu sein; denn das Adjektiv „gut" ist im Deutschen verwandt mit dem Nomen „Gott", der Laut ist ähnlich.

Die Liebe tut nicht Groß:

Sie bleibt immer schön klein, empfindet jedes andere Wesen als wertvoll, als höher als sich selbst. Sie läuft dabei jedoch nicht immer nach unten gebeugt herum wie ein Geier.

Jesus Christus sprach: Wenn du von jemand zur Hochzeit eingeladen wirst, so lege dich nicht auf den ersten Platz, damit nicht etwa ein Geehrterer als du von ihm eingeladen ist und der, welcher dich und ihn eingeladen hat, kommt und zu dir spricht: Mach diesem Platz! Und dann wirst du anfangen, mit Schande den letzten Platz einzunehmen. Sondern wenn du eingeladen bist, so geh hin und lege dich auf den letzten Platz, damit, wenn der, welcher dich eingeladen hat, kommt, er zu dir spricht: Freund rücke höher hinauf! Dann wirst du Ehre haben vor allen, die mit dir zu Tisch liegen. Denn jeder der sich selbst erhöht, wird erniedrigt werden, und wer sich selbst erniedrigt wird erhöht werden. (Lukas 14,8-11)

Wer klein ist, ist gleichzeitig arm im Geist, - leer von Bildern, Vorstellungen, starren Dogmen u.s.w. -. Die Armut im Geist wird in der Seligpreisung von Jesus Christus an erster Stelle hervorgehoben. Nahezu arm im Geist ist derjenige, der sich selbst vor Gott und den Mitwesen erniedrigt, - weil er weiß, sein Ich, welches sich größer wähnt wie andere, gibt es nicht wirklich, ist nicht sein wahres Ich -, der nicht viel will oder begehrt, nicht viel weiß, nicht viel hat, - er hat nicht einmal sich selbst und seinen Körper, er weiß nämlich sein Geist und Körper sind in Gott mit allem verbunden, sind nichts abgegrenztes, gehören nicht ihm selbst -, er hat keinen Stolz auf irgendetwas was

74

er ist oder hat, ob geistig oder materiell, er ist leer, er weiß vielleicht nur um seine eigenen wenigen unheilsamen Gedanken, seine Sünden, - die er begeht weil er nicht an Gottes Liebe denkt -, die Gottes ewigen Geist verdrecken, mit dunklen Wolken bedecken, und er weiß gleichzeitig dankbar um die Gnade des reinigenden erlösenden Gottes, um die Vergebung, um die Liebe, die manchmal die dunklen Wolken vertreibt, er weiß um die Gnade die er aufgrund des von anderen, und von einem selbst, geschaffenen Elends, in einem selbst, von Gott braucht, und auch von diesem bekommt, aber eben nur von Gott; und er bekommt sie nicht etwa, weil er selbst so groß, also besonders geschickt ist.

Wer sich selbst erhöht möchte größer als Gott sein - wie Adam und Eva -, der begehrt für sein Selbst Ansehen und Macht, er begehrt viel zu Wissen, oder er begehrt Gefühle durch ungereinigte Sinneswahrnehmungen, und er ist Stolz auf alle diese Eigenheiten, er kann deshalb nicht leer sein, und in den kann folglich Gottes Geist nicht gänzlich rein sein.

Stände ich hier oben und riefe einem zu: komm herauf! das wäre schwierig. Sagte ich aber: setz dich hierher nieder! das wäre leicht. Genauso handelt Gott. (Er macht es uns leicht.) *Wenn sich der Mensch erniedrigt, kann Gott sich in seiner Güte nicht zurückhalten, sich in den demütigen Menschen zu ergießen und hineinzusenken, und dem allergeringsten gibt er sich am allermeisten und teilt sich ihm völlig mit.* (Weil dieser nichts hat außer Gottes Liebe.) *Was Gott gibt, ist sein Sein, und sein Sein ist seine Güte, und seine Güte ist seine*

Liebe. (Meister Eckhart: Aus den deutschen Predigten.) Den Ärmsten, den Allergeringsten, den Letzten, den Kleinsten, den Elendsten, den Verachtetsten, den liebt Gott am meisten, weil er seine Liebe so sehr bedarf, weil er im weltlichen Sinne von den Menschen nichts mehr zu erwarten hat; denn wer möchte so jemanden als Freund haben? Auch die Juden wurden vielleicht nur deshalb ausgewählt, weil sie das kleinste Volk waren. Das ist das liebenswürdige an Gott, er sagt nicht einmal: „Komm erst hierher!", sondern er sagt: „Ich nehme Dich auch in der letzten Bank, als den größten Sünder." Dafür muss nur das Gleichnis vom verlorenen Sohn beachtet werden: *Der jüngere von ihnen sprach zu dem Vater: Vater gib mir den Teil des Vermögens, der mir zufällt! Und er teilte ihnen die Habe. Und nach nicht vielen Tagen brachte der jüngere Sohn alles zusammen und reiste weg in ein fernes Land, und dort vergeudete er sein vermögen, indem er verschwenderisch lebte. Als er aber alles verzehrt hatte, kam eine gewaltige Hungernot über jenes Land, und er selbst fing an, Mangel zu leiden … und er begehrte seinen Bauch zu füllen mit den Schotten die die Schweine fraßen; und niemand gab sie ihm. Als er aber zu sich kam, sprach er: wie viele Tagelöhner meines Vaters haben Überfluss an Brot, ich aber komme hier um vor Hunger. Ich will mich aufmachen und zu meinem Vater gehen und will zu ihm sagen: Vater ich habe gesündigt gegen den Himmel und vor dir. Ich bin nicht mehr würdig, dein Sohn zu heißen … Und er machte sich auf und ging zu seinem Vater. Als er aber noch fern war, sah ihn sein Vater und wurde innerlich bewegt*

und lief hin und fiel ihm um den Hals und küsste ihn …
(Lukas 15.12)

Und siehe, es sind Letzte, die Erste sein werden, und es sind
Erste, die Letzte sein werden. (Lukas 13,30)

Klein wie ein Kind: *Jesus Christus rief: Lasst die Kinder*
zu mir kommen und wehrt ihnen nicht! Denn solchen gehört
das Reich Gottes. Wahrlich ich sage Euch: Wer das Reich
Gottes nicht annehmen wird wie ein Kind, wird nicht hinein-
kommen. (Lukas 18,16.17) Ein Kind möchte viele
Sachen nicht die Erwachsenen begehren. Wer viel
begehrt ist groß, wer wenig begehrt ist klein, bescheiden und deshalb glücklich, weil er das wundervolle in
den vermeintlich kleinen Dingen erkennt. Ein Kind
weiß um die Abhängigkeit von Mutter und Vater, von
anderen, vielleicht von allen Dingen, ein Kind ist
noch dankbar zum Beispiel für wunderschöne Klei-
nigkeiten in der Natur, ein Kind kann noch annehmen.

Sie sucht nicht das Ihre:

Ich bekenne, egal was ich tue, wie sehr ich mit meinen unheilsamen Gedanken Ringe, wie sehr ich
heilsame Gedanken von Gott annehme und sie im
Gebet, im Gottesdienst, im Dienst bei den Mitmen-
schen und Mitwesen, beim Lesen, in der Natur, u.s.w.
pflege, begehrliche Gedanken kommen mir jeden
Tag, sie sprudeln manchmal wie aus einer dunklen
Quelle in meinem Geist, vielleicht sind es Gedanken
aus der Vergangenheit, vielleicht ist es das Greifen,
der Wunsch das Erlebte noch einmal mit den Sinnen,

und mit dem ihnen verbundenen Gefühlen, zu erfahren; manchmal empfinde ich auch Abneigung gegen Menschen, die mir oder anderen etwas Schlimmes angetan haben. Manches mal sprudeln auch heilsame Gedanken und der Geist wird frei von unheilsamen Gedanken und somit klar. Im Gebet hege ich unter anderem gute Gedanken. Jeden Tag muss ich zur Zeit noch mit den unheilsamen Gedanken ringen, dass ich sie nicht ausspreche oder tue, damit ich mir und anderen nicht schade; - ich muss mit meinem eigenen, durch viele Sünden, wildgewordenen Geist ringen; es sind so viele, es scheint als würden sie nie aufhören. Gott sei Dank gibt es Jesus Christus, der Gedanke an ihn rettet mich immer, er ist wie ein Fels an dem alle Schatten zerschellen. Ich kann meine Gedanken jedoch noch nicht immer bei Jesus Christus halten, die unheilsamen Gedanken sind genau dann, in dieser Abwesenheit von dem Gedanken an Jesus Christus, oft da, aber egal was ich tue, Jesus Christus vergibt und führt wieder auf den rechten Weg, und lässt mich so die noch vorhandenen Verblendungen besser ertragen.

Unsere deutsche Übersetzung des *„Bekehrt Euch!"* von Jesus Christus aus den Evangelien wird im Griechischen mit *„Ändert Euer Denken!"* übersetzt; und die Worte der frohen Botschaft von Jesus Christus sind zuerst von den Griechen aufgeschrieben und somit schriftlich erhalten worden; obwohl er aus der hebräischen Kultur heraus kommend das verwandte und damals übliche Aramäisch gesprochen hat. Jeder ist für sein Denken selbst verantwortliche. Wenn man einen goldenen Kessel putzt, dann kann es sehr lange dauern, bis er wieder sauber ist, wenn er stark verschmutzt ist; immer wieder entdeckt man neuen Schmutz bis er wirklich das Licht golden reflektiert. Aber das Vertrauen auf Jesus Christus hebt negatives „Karma" auf, wir berühren durch das Gedenken an ihn den ursprünglich reinen Geist, seinen Geist, Gottes Geist, den Heiligen Geist; Jesus Christus reicht; alte unheilsame Gedanken und Taten schwinden dann immer mehr; man muss nichts abarbeiten.

Sei mir gnädig, Gott, … meine (inneren) *Feinde bedrängen mich Tag für Tag.*

Mein Elend ist aufgezeichnet bei dir. Sammle meine Tränen in einem Krug, zeichne sie auf in deinem Buch! Dann weichen die Feinde (, die unheilsamen sündhaften Gedanken,) *zurück, da ich rufe. Ich habe erkannt: Mir steht Gott zur Seite* (und liebt mich!) *Ich preise Gottes Wort, ich preise das Wort des Herrn. Ich vertraue auf Gott und fürchte mich nicht. (Psalm 55)*

Würde ich doch nur, beständig und nicht nur zeitweise, erkennen, wie Gott mich durch alles liebt, somit wäre alles erfüllt, dann würde auch ich aus Dankbarkeit lieben, ihn der in jedem Wesen und in allem ist bis hin zu jedem Atemzug, der mir durch diese und durch den Geist so viel gibt, und dann wäre weniger Platz in meinem Geist für mich selbst, meine weltlichen Wünsche, den Hass.

… Darum fange bei dir selbst an und lass dich sein … Darum sprach unser Herr: Selig die Armen des Geistes

(Matthäus 5,3), d.h. die Armen an eigenem Wollen. Und daran soll niemand zweifeln: gäbe es eine bessere Weise, hätte sie unser Herr ausgesprochen, als er davon sprach: wer mir nachfolgen will, der verleugne sich selbst als erstes (Mt.16,24) – daran liegt alles. Nimm dich selbst genau war und wo du dich dann findest, da lass von dir ab. (Meister Eckhart: Aus den deutschen Traktaten.)

Somit ist Gottes ursprünglicher Geist in einem selbst nicht bedeckt und er *ist* einfach, so kristallklar wie er nun mal ist und liebt.

Sie rechnet Böses nicht zu, sie freut sich nicht über die Ungerechtigkeit; sondern sie freut sich mit der Wahrheit:

Auch wenn ich sündige, unheilsames tue, weil ich unachtsam, oder müde bin, wenn ich meine Gedanken nicht bei Gott habe, dann bin ich trotzdem geliebt. Gott freut sich nicht darüber, aber er liebt bedingungslos. Die Suppe die ich mir eingebrockt habe, die muss ich dann aber selber auslöffeln; das heißt die negativen Auswirkung meiner unheilsamen Taten erleiden; ich glaube aber auch, dass dies nicht immer der Fall ist, wenn Gott es will, wenn es uns dient, bewahrt er uns auch davor; da er allmächtig und die Liebe ist, muss dies so sein; im Grunde sind sogar die leidvollen Auswirkungen Liebe, weil wir sie irgendwann nicht mehr wollen und somit auch die sie bewirkenden unheilsamen Taten lassen.

Wenn ich seinen reinen hellen Geist einfach so erfahre, wenn ich an ihn in Gestalt von Jesus Christus denke, auf diesen vertraue, dann muss ich auch allen

vergeben, weil mir Gott vergibt und mich ganz einfach immer wieder zu seinem reinsten Geisteszustand
zurückkehren lässt.

Er (Gott) *handelt an uns nicht nach unseren Sünden und
vergilt uns nicht nach unserer Schuld. (Psalm 103.10)*

*Herr, höre mein Gebet, vernimm mein Flehen; in deiner Treue
erhöre mich, in deiner Gerechtigkeit* (Liebe)*! Geh mit deinem
Knecht nicht ins Gericht; denn keiner, der lebt, ist gerecht vor
dir. (Psalm 143.1,2)*

*Sie ... sucht nicht ihren Vorteil, lässt sich nicht zum Zorn
reizen, trägt das Böse nicht nach ...*

Der Hass ist die größte Sünde. Sünde ist ein anderes
Wort für ein Gefühl der Trennung von den Mitwesen
und vor allem von der Liebe Gottes. *Der Frevler spricht:
„Ich bin entschlossen zum Bösen." In seinen Augen gibt es
kein Erschrecken vor Gott. Er gefällt sich darin, sich schuldig
zu machen und zu hassen... (Psalm 36.1,2)* Ohne Hass,
mit Liebe, entdecken wir die wundervolle Verbundenheit von allem.

11. Die Frauen, die stärkste Begierde meines selbstbezogenen egoistischen Ichs

Hin und wieder, wenn ich nicht an eine bestimmte Frau denke, dann denke ich an eine andere, an deren Farbe und Form. Dies ist nicht schlimm, aber mein denken an Frauen ist auch vermischt mit Begierden. Wenn ich eine schöne Frau sehe, dann begehre ich sie oft schon. Das verunreinigtes Bewusstsein der verunreinigten Sinne und das ihnen zugehörige Gefühl, sie greifen und greifen und greifen.

Ich greife unter anderem weil ich die Einsamkeit noch nicht akzeptieren kann. Ich greife dann gelegentlich nach der primitivsten Eigenart des fleischlichen Mannes, der nur an das Fleisch der Frauen denkt; diese primitivste männliche Eigenart verlangt nicht danach geistig mit der Partnerin zu verschmelzen, so dass dann auch die körperliche Liebe schön wird

Mittlerweise weiß ich, dass ich trotz allem alleine bin, kein Mensch ist mir so nahe wie Gott, weil er mein ursprünglicher Geist ist, sogar mein Körper. Gott ist der Schöpfer von allem. Niemand vermag wirklich für mich da zu sein, sich für mich zu interessieren und nur ganz wenige tun dies; für diese bin ich Gott dankbar, auch wenn sie irgendwann vergehen und neue kommen bis ich vergehe.

Erst habe ich über die erkannte Einsamkeit gehadert, doch nun weiß ich sie langsam zu schätzen, wenn ich Gottes reinen Geist in mir wahrnehme, wenn Gott in mir an sich selber denkt. Dieser Geist ist wunderschön und unsterblich; und durch ihn erkenne ich, dass auch der vergängliche individuelle sowie der gemeinsame Körper wunderschön sind, auch wenn der Körper vergeht, und wieder entsteht, oder auch nicht, dies weiß ich nicht, wie so vieles, aber es ist auch egal, denn mein, beziehungsweise Gottes Geist ist unsterblich, und dies reicht mir.

Heute habe ich L.'s alleinerziehende Mutter wieder im Kindergarten gesehen. Ich habe sie nie großartig beachtete, doch vor kurzem hat sie mich mit dunklen Ringen unter den hellen braunen Augen im Gang angesprochen, als ich gerade eine Spielzeugkiste, die ich aus der Sternengruppe ausgeliehen hatte, zurückgetragen habe. Es ging um ihre Tochter aus der eben genannten Gruppe.

Ich hatte bis dahin kein großes Interesse an ihr, ich hatte in dieser für mich vertieften spirituellen Phase allgemein kein wirkliches Verlangen, doch dieser Blick in meine Augen hat mich verzaubert. Wahrscheinlich galt der Blick nicht mir, sondern war Bestandteil der Kommunikation in der sie einfach nur eine Information von mir erfragt hat.

So schnell kann es gehen: wenn ich gerade, nach einigem „Ringen" mit mir selbst, einmal ein wenig freier von meinem „Wollen" war, kam sie von außen, und schon war ich wieder ein wenig gefangen. Wenn es dann auch wenigstens ein erfreuliches Erlangen des Gewollten gäbe, wäre die eingebüßte Freiheit ja eine andere Art von Geschenk; wenn sich zwei Menschen aneinander erfreuen, sich beschenken und beschenkt fühlen, an einem Strang ziehen, aber auch diesmal litt ich wieder unter einer Nicht-Erfüllung.

Hätte sie doch nur nicht wieder etwas in mir geweckt! Oder ist das gut, um, durch eine starke Versuchung und diese überwindend, gestärkt hervorzugehen?

L's Mutter ist eine sehr hübsche Frau mit ukrainischen Wurzeln. Sie hat ein schönes ansprechendes makelloses Gesicht mit oft klaren Augen.

Ich denke es gibt schlimmere und hässlichere Männer als mich, ich könnte Chancen bei ihr haben. Aber ich spekuliere und vermute, dass auch die ausgetauschten kurzen Blicke, und die seltenen Erhebungen der feinen Mundwinkel, wenn wir uns sehen, flüchtige Momentaufnahmen sind, die nicht viel zu bedeuten haben.

Wenn nun L's Mutter mich nicht möchte, dann vielleicht eine andere Frau; es gibt auch andere schöne Frauen. Obwohl, nein, bisher hat außer einer mich keine gewollt, warum sollte es dann jetzt so sein, das ist von der Statistik her sehr unwahrscheinlich; - andererseits kann es sein, dass mich früher keine wollte, weil ich noch kindisch und unreif, teilweise sogar unerträglich egoistisch war, außerdem habe ich keine wirklich an mich heranlassen können, mir hat noch die bedingungslose Hingabe gefehlt -; und zudem ist fraglich ob es überhaupt später noch Chancen gibt, ich kann jeden Moment sterben, also warum sollte ich mir dann Gedanken darüber machen, was nur ein Wunschgedanke ist, eine Illusion die nicht real ist. Die wirkliche Realität zur Zeit ist noch: mich mag keine attraktive Frau soviel, um mit mir geistig und körperlich zusammen sein zu wollen. Dies könnte sich aber auch ändern.

Gott sei Dank ist Gott in meinem gesamten Sein und erfüllt mich auch so mit seinem stillen durchsichtigen Geist.

Vielleicht redet mir auch nur mein innerer Schweinehund, der Teufel, ein, dass mich keine Frau mag und doch bin ich einfach nur ein realistischer Beobachter. Ich gebe zu: geflirtet wird schon mit mir, aber mehr geben sie mir im Moment nicht.

Auch wenn ich der ein - und anderen Frau hinterhergelaufen bin, dies werde ich nun nicht mehr tun. Ich denke das ist Energieverschwendung und den Frauen auch unangenehm, vorallem wenn sie kein vertieftes Interesse an mir haben. Trotzdem sollte ich lieb und freundlich zu allen Frauen sein, soweit es mir möglich ist, ohne etwas Konkretes von ihnen zu wollen, oder zu erwarten. Ich denke daraus ergeben sich auch die schönsten Beziehungen, vertrauensvolle und freundschaftliche, vielleicht auch körperliche, vielleicht auch beide zusammen, vielleicht auch doch nur freundschaftliche.

Doch wenn mich eine Frau anlächelt, kann ich sie fragen ob sie einmal einen Kaffee mit mir trinken geht, ohne mehr zu erwarten, falls ich mich dies traue. Dies und alles Zusätzliche wäre ein Geschenk.

Die Tage vergehen, was soll überhaupt mehr passieren? Die Sonne scheint, es regnet, vieles wächst um mich zu ernähren, die Menschen arbeiten, dass ich leben kann … Ich lebe, atme, und liebe ein wenig, das ist schon viel. Obwohl, schön wäre es schon, etwas mit einer Frau zu unternehmen, sie zu lieben; wenn es aber nicht passiert, darf ich beten, Gott anbeten, die Liebe anbeten, die mir ihre Gegenwart offenbart, ihr Glück, in meinem Geist, meinem Herz, und meinem Körper, die alle drei Gott gehören und sind, wie der gesamten Geist, die unendliche Liebe und der gesamte Körper.

12. Vergangenheit und Gegenwart. Warum die alte und wahre christliche Religion?

(Gedanken)

In letzter Zeit erinnere ich mich, seit ich eine Religion mit dem Herzen praktiziere, wieder an das erfüllte Leben voller Licht in der frühen Jugend und der Kindheit, es ist als würde das Kind in mir wieder auferstehen, welches irgendwann gestorben war, als ein böses Ich in mir von der Außenwelt genährt worden war, welches dann das nahezu unschuldige Kind durch seine nachgeahmten bösen Taten getötet hatte; es ist als gäbe es zwei Ichs in meinem Herzen, in meinem Geist, ein böses und ein gutes, und nur die Mitte ist frei gänzlich befreit vom bösen, da mit der Neutralität nicht gerungen werden kann.

Mit dem sanftmütigen Herz der geistigen Mitte kann man nur Dinge sehen, die das Herz betreffen; wenn das Herz gestorben ist, kann man Herzensdinge, wie die wahre christliche Religion, auch nicht mehr sehen, dann kann man sie nur erahnen und hoffen dass einem ein neues Herz gegeben wird.

Die wiedergefundenen frühen Erinnerungen sind oft schöne, unschuldige, aber auch erschreckende, welche die ich verdränge.

Über die Jahre habe ich mir, als ich besonders als Kind und Jugendlicher gutgläubig und vertrauensvoll gegenüber der Außenwelt war, aufgrund von Einflüssen von außerhalb und aufgrund dessen was ich davon angenommen habe, und dann durch meine eigene Entscheidung auch wollte, meinen Geist gehörig verdorben. Meine Sinne hatten aufgrund der groben Dinge die ich über die Sinne aufgenommen hatte, ihre Sensibilität verloren, sie konnten nur noch grobe Dinge wahrnehmen, so suchte ich nur diese, und so vergiftetete ich mich immer weiter selbst, da ich nichts Feines, nichts Gutes mehr aufnahm.

Mit Hilfe der Religion, mit Hilfe des von Gott kommenden Glaubens, mit Hilfe der Vergebung, und durch Lehre und Gebet, konnte ich schließlich wieder das Leben und sein Licht in Fülle wahrnehmen, durch die gereinigten Sinne, in einem gereinigten Geist, in einem gereinigten Herz.

In der christlichen Religion sollte ich dafür Gott, in Gestalt von Jesus Christus, lieben lernen, mit der Zeit sollte ich auch wissen, wofür ich ihn liebe, da mich diese Liebe von meinen leidverursachenden Feinden im Geist zum größten Teil befreit, und mich das Leben in seiner Ganzheit, - den Geist, den Atem, das Licht, die Zuneigung -, in Fülle wahrnehmen lässt. Die Feinde im Geist sind unheilsame Gedanken die ich selbst denke und unter denen ich leide.

Möglicherweise dachte ich auch und denke ich mitunter noch immer, was mein Umfeld gedacht hat und denkt, weil ich ja als Kind gutgläubig und in Abhängigkeit auf dieses vertraute und vertraue; doch irgendwann nahm Gott von mir Besitz um mich aus Liebe zu befreien, er war besitzergreifend da ich ihm ja gehöre weil er mich geschaffen hat, und ich kann nun wieder selbst entscheiden was ich denken mag, es gibt endlich wieder die Option, die Möglichkeit, an das Gute, an die Liebe zu glauben.

Neben der Gottesliebe, die auch die Nächstenliebe ist, weil Gott alles ist, weil er es erschaffen hat, war es auch hilfreich zur Stabilität für mich, als ich mich mit der Zeit an ein regelmäßiges und sich wiederholendes Gebet des „Vater Unser" gewöhnte, das mir immer wieder geschenkt wurde, und geschenkt wird. Das Geschöpf betet zum Schöpfer, der Sohn betet zum Vater, in mir, Gott selbst betet zu Gott, Gott selbst liebt sich selbst; - dies ist eine Ansicht vom Gebet. Mein Geist ist Gottes Geist; nicht ich habe den Geist geschaffen sondern er war schon immer da und wird immer da sein, da er unvergänglich ist. Deshalb betet Gott zu Gott, aus dem Herz über Worte im Geist zum Geist, die Liebe spricht zur Liebe. Das „Vater Unser" hat Jesus Christus seinen Schülern gelehrt, um vom Ende des Gebets - vom Bösen -, zum Anfang - zur Schöpferliebe - zu gelangen. Die Frucht eines angenehmen stillen zufriedenen warmen glücklichen Gefühls im Geist wie im Körper kann jeder Beter nur selbst erfahren, sie kann nicht erklärt werden; ebenso wie die Frucht von Glaube, Liebe, und Hoffnung, die ich manchmal in Ansätzen schon empfangen darf.

Predigten anhören, heilsame Worte hören, also Brot und Segen zu empfangen, eine Gemeinde und heil-same Freunde, sind ebenfalls heilsam und nützlich auf dem Weg zum wahren wirklichen Leben in seiner ganzen Fülle im Hier und Jetzt. Alles was Heilsam ist, ist zur Gesundung, zum erneuten Aufblühen einer

Blume nützlich; denn eine Blume braucht Wasser, Licht, Luft, einen gesunden Boden. Und nicht in den Schuldgefühlen über die Vergangenheit, wie in unheilsamen Wünschen für die Zukunft zu verweilen, eben frei sein von oft falschen Bewertungen und unbarmherzigen Verurteilungen und falschen Vorstellungen, ist ebenfalls ein wichtiger Teil der Frucht. Vielleicht wird alles viel schöner als wir es uns vorstellen können.

Wir alle haben immer nur das Hier und Jetzt, nur dieses ist immer Wirklichkeit, es ist aber die Frage, ob wir dieses überhaupt wahrnehmen und ob wir es zu liebevollen Gedanken nutzen.

Letztendlich wird uns die Liebe zu Gott, ein Gebet, das Sein im Moment, immer von Gott geschenkt; es ist wundervoll auf jemanden angewiesen zu sein, der beständig nur das Beste für einen will - für jeden von uns - und es in seiner Allmacht auch vermag; es ist nur die Frage ob wir seine Liebe zu uns allen auch annehmen und sie somit in so vielem auch wieder wahrnehmen, erkennen. Für jeden von uns ist Jesus Christus gestorben: Er hätte in seiner Allmacht auch vom Kreuz herabsteigen können, doch dann wäre er nicht für diejenigen gestorben, die noch immer von hartherzigen Menschen zum Tode verurteilt werden, und die doch auf etwas nach dem leiblichen Tode hoffen. Er hat sich den Verachtetsten gleich gemacht, und hat ihnen durch den neben ihm ebenfalls hingerichteten Menschen, einem sogenannten Verbrecher, gezeigt, dass, auch wenn alles schief gelaufen ist, und wenn sie nur am Ende auf Gott vertrauen, sie eine glückliche Unsterblichkeit erwartet. *Dies ist das ewige Leben: dich, den einzigen wahren Gott, zu erkennen und Jesus Christus, den du gesandt hast. (Johannes 17.3)*

Jeder Mensch, jedes Wesen, hat seinen Wert, weil es erschaffen wurde, entstanden ist, es hat seine Würde weil es lebt.

Jeder Mensch ist gleich vom grundsätzlichen ursprünglichen reinen Geist und doch verschieden in seiner eigenen Erfüllung von diesem. Er lebt in seiner eigenen geistigen Welt, -geschaffen durch seine Umwelt und seine eigenen Gedanken dazu -, die seine Wirklichkeit ist, und mit der er die Außenwelt wahrnimmt und beurteilt, die aber noch nicht die vollständigen Wahrheit ist.

Das Evangelium der Bibel, übersetzt mit „die gute Botschaft", verhilft uns zur Realisation der Wahrheit Gottes und seiner Herrlichkeit; es verhilft uns, zu erblühen, zu erwachen, zu leben.

Jeder Vers des Evangeliums beinhaltet in unterschiedlichen Ausdrücken den Inhalt jedes anderen Verses des Evangeliums, weil Jesus Christus immer nur von der wahren Liebe redet.

13. *Fortsetzung von Kapitel 11.*
(Ich)

Seit unserem letzten Kontakt hat L.'s Mutter mich ein paar Mal angelächelt, ich habe sie manchmal angesprochen und sie hat dann kurz mit mir geredet. Gestern habe ich sie wieder sehen dürfen aus dem Fenster über dem Eingang, auf einmal hat es mich dorthin gezogen. Es war nebelig und bereits dunkel, nur das gelbliche Licht aus den Fenstern der umliegenden Gebäude und von den Straßenlaternen beleuchtete ein wenig die Straße am frühen Abend. Im Laufen hat sie eine Zigarette geraucht. Ich habe sie angesehen, wir haben uns gegrüßt. Doch sie hat zuvor auch zwei Mal nach links weggesehen. Mein Blick blieb auf sie geheftet und so haben wir uns gewunken. Aber was soll das schon bedeuten? Wie viele Frauen schauen Männer an; und wie oft hat sich für mich daraus etwas ergeben? Erst einmal in noch jungen Jahren und das habe ich dann, weil ich noch nicht stabil war, selbst verbockt.

 Es bleibt nur freundlich zu sein, sie zu lieben, aber nicht mehr zu erwarten, dass sie etwa öfter Zeit mit mir verbringen möchte, mich über den Körper lieben, oder sogar auch im Geist lieben möchte. Ich akzeptiere, offen für alles, was Gottes Wille ist. Es wird das Beste für alle Sein.

14. Der Hauptfeind, der Richter, in uns
(Gedanken)

Verbirg mich vor der Schar der Bösen, vor dem toben derer, die Unrecht tun. Sie schärfen ihre Zunge wie ein Schwert, schießen giftige Worte wie Pfeile, um den Schuldlosen von ihrem Versteck aus zu treffen. Sie schießen auf ihn, plötzlich und ohne Scheu. (Psalm 64)

Sprecht ihr wirklich Recht, ihr Mächtigen? Richtet ihr die Menschen gerecht? Nein, ihr schaltet im Land nach Willkür, euer Herz ist voll Bosheit (ihr seht in ihnen nur Euch selbst)*; eure Hände bahnen dem Unrecht den Weg. Vom Mutterschoß an sind die Frevler treulos, von Geburt an irren sie vom Weg ab und lügen. Ihr Gift ist wie das Gift der Schlange, wie das Gift der tauben Natter, die ihr Ohr verschließt. … Oh Gott, zerbrich ihnen die Zähne im Mund …* (Psalm 58)

Mir fällt dies an mir selbst auf. Wenn ich nicht achtsam bin, wenn ich nicht mit meinen Gedanken wirklich bei Jesus Christus bin, dann bewertet mein böses Ich ungerecht, andere wie auch mich selbst, und deshalb redet meine Zunge dann in einem hasserfüllten Ton.

Jetzt ist er da, der rettende Sieg, die Macht und die Herrschaft unseres Gottes und die Vollmacht seines Gesalbten (sowohl in mir, als auch außerhalb von)*; denn gestürzt wurde der Ankläger unserer Brüder* (in mir)*, der sie bei Tag und bei Nacht vor unserm Gott verklagte. Sie haben ihn besiegt durch das Blut des Lammes und durch ihr Wort und ihr Zeugnis.* Sie haben ihn besiegt durch den Glaube an Jesus

Christus, sie haben den Ankläger und Richter besiegt in sich selbst, den Ankläger der andere letztendlich wegen der eigenen verdorbenen Gedanken angeklagt hat, denn was man am anderen meint zu bemerken, dass trägt man in sich. *Sie hielten ihr Leben nicht fest bis hinein in den Tod. Darum jubelt, ihr Himmel und alle, die darin wohnen. (Offenbahrung, Kapitel 12)*

 In Deutschland gibt es das Wort Schubladendenken. Das heißt, dass alles bewertet wird und in Schubladen gesteckt wird, ohne den Wesen zuzugestehen, dass sie sich ständig verändern. Und durch ein nicht akzeptieren, dass sich alles verändern kann, werden die Wesen und Dinge fest bewertet und in Schubladen gesteckt in denen sie für unsere bewertendes Ich bleiben; obwohl eben alles immer neu ist und sich verändert. Der Feind ist in mir, es ist der Gedankengang, der ständig alles bewertet, auch mich selbst, oft nur negative Dinge sieht, mich den Moment nicht frei davon in einem positiven Fluss wahrnehmen läst, und mir somit keinen Freiraum läst, um bewusst auf meinen Atem zu achten, um dankbar zu sein darüber, was ich wahrnehmen darf: Luft, Erde, Wasser, Wärme, Licht, Geist, Liebe, die Wesen. Wenn ich etwas bewerte, wenn ich es mit vergangenen Erlebnissen vergleiche, dann kann ich den Moment nicht wahrnehmen wie er ist. Das Bewerten und Richten, auch das über mich selbst, lässt mich oftmals falsch reagieren, weil das Richten möglicherweise eine Form des Hasses ist und das Gegenteil von Liebe. Das richten Verurteilt und kennt nur wenig Erbarmen. Ich bewerte und richte nach den Maßstäben die in mir sind, ich kann nur durch die Brille sehen, durch die Brille meines jeweiligen derzeitigen Zustandes meines mehr oder weniger richtig ausgerichteten Selbst. Erst wenn ich beginne mit Hilfe der Liebe, immer mehr aus meinem Schlaf der oft weltlichen Traumbilder, - der unheilsamen Gedanken -, in meinem Geist aufzuwachen, beginne ich die Dinge richtig wahrzunehmen, ohne sie zu werten, ohne sie zu verurteilen, da die Liebe vergibt und nicht richtet.

Wenn die unheilsamen Gedanken, durch suchen einer Lehre, einem darüber nachdenken, und durch suchen nach Gott in Form eines Gedenkens dessen, aufhören, fühlen sich der Geist und dadurch auch der Körper wohl, weil Glück in der ursprünglichen Natur des Geistes liegt. Ich leide, habe Angst, bin depressiv, aufgrund meiner unheilsamen Gedanken, wie etwa Zweifel und Misstrauen. Indem ich lerne, Gott zu lieben, seinen Geist, sein Licht, seine materielle Schöpfung, mich selbst, sowie die Wesen, werde ich glücklich, freue ich mich, für immer, da der Geist unendlich ist.

Nachdem mir das auf die eine oder andere Art und Weise mitgeteilt worden war, habe ich es an mir selbst ausprobiert und als wahr empfunden, obwohl ich auch noch viele Feinde in mir Trage; das ist das für mich lebensnotwendige, kommend von der christlichen Lehre: Gott liebt und vergibt uns ersteinmal, trotz unserer Vergehen an der Liebe, unserer Sünden.

Viele Menschen meinen Gut und Böse zu kennen und deshalb richten zu dürfen. Aber unsere weltliche Vorstellung von Gut und Böse sind relativ. Wenn eine Person sich nur unter dem Zwang des Leides weiterentwickelt, weil sie zum Beispiel sehr Stolz auf ihre Schönheit oder ihre Rasse ist, oder eine sehr verinnerlichte Meinung hat, wenn sie zum Beispiel meint sie kann alle Menschen die ihr gegeben wurden von sich stoßen, dass man nicht dankbar sein sollte, auch nicht für kleine Dinge, und dieser Person nur ihre eigene Sinnesbefriedigung, etwa durch Sex, wichtig ist, dann wird sie sich nur weiterentwickeln, wenn sie alleine dasteht, dann wird sie nachdenken was wirklich wichtig ist, nämlich Liebe und Vergebung der Fehler von Nahestehenden und Fernstehenden, und vielleicht etwas für die Liebe tun.

Wenn ein Mensch egoistisch, also böse ist, und ihn die Wesen somit meiden, - weil nur die reine Liebe, wirklich anziehend wirkt, weil sie einzig wirklichen Nutzen hat, glücklich macht -, und er Einsamkeit erlebt, und er bemerkt dass er sie nicht möchte, weil Liebe zu Wesen Glück bedeutet, - und nur Einsamkeit in Gott einen eigenen Wert hat, ein gänzliches da sein für Gottes Liebe ohne innere weltliche Ablenkung, das einzige was im Tod bestand hat, da es das Einzige ist was letztendlich im Tod bleibt -, dann hat dieses Böse seinen Wert, dieser Mensch lernt erst durch die Folgen des Bösen, was gut und erstrebenswert ist.

Deshalb sind Adam und Eva gefallen, weil sie sich anmaßten selbst beurteilen zu können, was Gut und was Böse ist, was Gott tun soll und was nicht um die Wesen zu lieben.

Unsere Ansichten von Gut und Böse sind relativ.

Es gibt einen Bösen, einen noch Böseren und den Bösesten. Der Böse hat im Vergleich zum Bösesten noch etwas Gutes.

Genauso ist es auch anders herum. Es gibt den gewöhnlichen Guten, den Besseren und den Besten.

Einige Politiker und deren Mitregierende in der Vergangenheit und Gegenwart sind bestechlich, wirtschaften in ihren Gesetzesbeschlussen zu ihrem eigenen Vorteil und nicht für das Wohl des eigenen Volkes, das sie gewählt hat, und nicht für das Volk der gesamten Menschheit, geschweige denn für die Gemeinschaft aller Lebewesen. Doch sie würden ihre eigenen Macht - und Besitzinteressen nicht mit allen Mitteln, nicht mit einem Mord durchsetzen. Es gibt aber Politiker die mit ihren Mitregierenden nicht vor Mord und Krieg zurückschrecken um ihre eigenen Interessen durchzusetzen. Sie erlauben es sich, sich das Recht herauszunehmen, andere Leben zugunsten ihrer Macht und ihres Wohlstandes zu töten. Die erstgenannten Politiker sind Böse, die zweitgenannten sind aber noch viel Böser.

Ich selbst habe auch schon Böses getan und es somit unterstützt. Dann habe ich zwei religiöse Lehren kennen gelernt, Menschen die diese umgesetzt haben und sie mir auch beigebracht haben. Schließlich bin ich der, die mir näher stand, ernsthaft beigetreten. Diese Lehre fordert von einem viel. Ich bin nicht so gut, dass ich sagen könnte, ich habe sie vollkommen umgesetzt und bin jetzt ununterbrochen glückselig, und die Wesen profitieren nur noch von der Liebe, die von mir ausgeht, und ich schade keinem einzigen Wesen mehr. Im Vergleich jedoch zu der schlimmsten Phase in meinem bisherigen Leben bin ich gut. Ich selbst hadere zwar oft mit mir, dass ich Dieses oder Jenes noch nicht erreicht habe, doch im Vergleich zu früher bin ich nicht schlecht; es wird immer besser, umso mehr ich die Lehre praktizieren darf weil Gott mir die Gnaden dazu gewährt, und wenn ich jetzt manchmal hinfalle, etwas offensichtlich falsch mache, dann ist dieses Falsche vergleichsweise immer noch weniger unheilsam, als das Böse das ich früher in meiner Unwissenheit und Ungezähmtheit getan habe.

 Der böseste Politiker, also Herrscher, ist im Vergleich zum Teufel auch noch in ein paar Punkten ein Mensch; im Gegensatz zu den steinernen Gestalten im Hintergrund von den bösesten Politikern, welche die eigentlichen Fäden ziehen und die nicht erkannt werden wollen. Und mein Gutes ist im Vergleich zu Jesus Christus nicht viel; selbst das Gute von den heiligen Menschen die mich auf die eine und andere Art und Weise das Gute gelehrt haben ist weniger als das von Jesus Christus oder von Buddha; die gerade genannten heiligen Lehrer, weil heilenden Menschen, die mich unterwiesen haben, sind jedoch viel besser wie ich.

Gut und Böse sind relativ, auch in ihrem Wert. Durch das Mitgefühl mit den Feinden des Guten kann dieses erst ins unendliche Wachsen. Die Liebe zu den Feinden, zu den toten Seelen, die auch ihren Sinn haben, ist die höchste Form der Liebe, weil sie dann nicht mehr noch mehr lieben kann, wenn sie sogar die Feinde liebt; sie hat dann auch keinen Feind mehr. Die Liebe erkennt, dass der Feind auch nicht leiden möchte, sie wünscht, dass er doch glücklich sein möge, und bietet sich allen an.

Richtet nicht, damit ihr nicht gerichtet werdet! Denn mit welchem Gericht ihr richtet, werdet ihr gerichtet werden, und mit welchem Maß ihr messt, wird euch zugemessen werden. (Matthäus 7.1,2)

Seid barmherzig, wie auch euer Vater barmherzig ist! Und richtet nicht, und ihr werdet nicht gerichtet werden, und verurteilt nicht, und ihr werdet nicht verurteilt werden. Sprecht frei, und ihr werdet freigesprochen werden. Lasst los, und ihr werdet losgelassen werden ... Was aber siehst du den Splitter der in deines Bruders Auge ist, den Balken aber, der in deinem eigenen Auge ist, nimmst du nicht wahr? Wie kannst Du zu deinem Bruder sagen: Bruder erlaube, ich will den Splitter herausziehen, der in deinem Auge ist, während du selbst den Balken in deinem Auge nicht siehst? Heuchler, ziehe zuerst den Balken aus deinem Auge! Und dann wirst du klar sehen, um den Splitter herauszuziehen, der in deines Bruders Auge ist. (Lukas 6.36-42) Ich ahne dass ich nur das im

Gegenüber sehen kann, was ich auch in mir trage; will ich etwas anderes in ihm sehen, muss ich mich noch mehr verändern, muss ich noch mehr in der Liebe wachsen.

Ich habe erkannt wie wahr es ist, dass wir wirklich auch den heftigsten Verbrechern vergeben müssen, weil so wie wir richten, so werden auch wir gerichtet werden. Wir dürfen uns nicht anmaßen zu richten, weil in Gottes Augen noch der schwerste Verbrecher Vergebung verdient hat. Nur wenn das Gemeinwohl des Volkes oder das Wohl eines Einzelnen vor jemanden geschützt werden muss, darf, denke ich, jemand, nach einem fairen Prozess, eingesperrt werden; - trotzdem sollte diesem vergeben werden -; von diesem Verbrecher muss dann aber eine sehr große Gefahr ausgehen, zum Beispiel von den Bösartigen die Kinder und Menschen misshandeln; die meisten Menschen haben schon schlimme Taten getan, aber bei eher kleineren Vergehen reicht, so denke ich, eine Verwarnung mit Vergebung; wir sollten all jene Unglücksraben mit kleinen Sünden aus den Gefängnissen entlassen.

„Hüten wir uns zu urteilen, wenn wir an einem anderen Fehler sehen, denn was wissen wir, wie der Mensch kämpft gegen seine Fehler. Es kann sein, dass er eine unglückliche Veranlagung hat, und äußerlich merkt man nichts von dem heldenhaften Kampf, mit dem er gegen seine Fehler und Schwächen angeht. Es kann sein, dass ein anderer, der ein angenehmes Wesen hat und bei dem keine Ecken und Kanten zutage treten, weniger Tugend besitzt. Wir Menschen können da nicht

urteilen, wir können einem anderen nicht ins Herz schauen. Aber Gott vermag dies." (Pater Rupert Mayer)

Nur für heute werde ich größten Wert auf mein Auftreten legen und vornehm sein in meinem Verhalten: Ich werde niemanden kritisieren; ja ich werde nicht danach streben, die andern zu korrigieren oder zu verbessern ... nur mich selbst. (Papst Johannes der 23.: aus seinen zehn Geboten der Gelassenheit)

15. Die Feinde sind in uns

(Gedanken)

Gepriesen sei der Herr, Tag für Tag! Gott trägt uns, er ist unsre Hilfe. Gott ist ein Gott, der uns Rettung bringt, Gott, der Herr, führt uns heraus aus dem Tod. Denn Gott zerschmettert das Haupt seiner Feinde, den Kopf des Frevlers, der in Sünde dahinlebt. (Psalm 68) In diesem Abschnitt des Psalm 68 werden in einem Satz die Feinde mit dem Kopf in Verbindung gebracht, wie die Frevler mit den Sünden, dass diese uns zu lebenden Toten gemacht haben, sowie die Waffe gegen diese Feinde: Der Lobpreis Gottes, der freudige hoffnungsvolle liebende friedvolle Glaube an Gott. Wenn in den Psalmen von Feinden die Rede ist, sind oft verschiedene Arten dieser in unserem Denken gemeint, unter anderem der Hass auf sich selbst.

… Mein Gott, auf dich vertraue ich … Sieh meine Not und Plage an, und verbirg mir all meine Sünden! Sieh doch, wie zahlreich meine Feinde sind, mit welch tödlichem Hass sie mich hassen! … (Psalm 25)

16. Ich im Beruf und Dienst

In letzter Zeit kam mir selbst der Gedanke: Ich sollte nicht im Kindergarten arbeiten. Ich hatte gesündigt und war kein Vorbild. Aber nun bin ich vielleicht in manchen Punkten wieder eins, jedenfalls bemühe ich mich mit Hilfe von Jesus Christus. Am 9. November 2014 hatte ich um drei Uhr Nachts im Bett liegend mit einem mal eine deutliche Vision von, unter einem weiten tiefblauen Himmel wandernden, fröhlichen freien Kindern, die eine weiße Fahne schwenkten, in einer sauberen leicht hügeligen Landschaft, die mit hohem saftigen tiefgrünen Graß, welches im Wind hin und her wogte, bewachsenen war. Möglicherweise sagte Gott so zu mir, ich solle weiter auf die Liebe, die weiße Fahne, vertrauen und einfach meinen Dienst auf dieser Erde tun. Als Kind hatte ich einst einen Traum: Ich war traurig, doch ein sanfter stattlicher Löwe hat mich zu meinem damaligen liebsten Spielort im Dorf geführt, einem freien sandigen Platz hinter und unterhalb eines Bankgebaudes, an dem an der gegenüberliegenden Seite ein steiler Hang zum Klettern, - an dem auch ein alter Baum wuchs -, war, auf dem viele Kinder fröhlich und zufrieden gespielt haben, und friedlich neben ihm stehend, bin ich dort wieder glücklich geworden. Der russische Schriftsteller Tolstoi hat gesündigt und ist noch ein guter Lehrer in seiner selbst gegründeten Volksgemeinde geworden, nachdem er sich zu Gott bekehrt hat.

Gott führt mich hierhin und dorthin. Es ist sein Wille wo ich bin. Ich werde nicht mehr so schwer sündigen, so dass ich kein Vorbild mehr bin, und ich werde meine begangenen und bereuten Sünden vergessen, weil sie mir Gott vergeben hat, - und nicht möchte dass ich in ihnen gefangen bin und Schuld-komplexe entwickle -, und er nur möchte, dass ich befreit den Moment in seinem reinen Geist lebe, den er mir schenkt. Und wenn er mich woanders hinführt, wird er mich führen.

Gott ich ahne: *Deine Augen sahen, wie ich entstand, in deinem Buch war schon alles verzeichnet; meine Tage waren schon gebildet, als noch keiner von ihnen da war. (Psalm 139)*

Vielleicht ist alles schon vorgezeichnet. Erstens das und Zweitens können wir uns aber auch entscheiden; dass ist ein paradox, aber irgendwie stimmt vielleicht beides.

17. Gedanken über das Gebet und meine Begierden

An einem der folgenden Tage bemerke ich: Ich soll unter anderem ein Mann des Gebets sein, da ich diese gerne bete, jene die zu mir passen, die Psalmen, das „Vater Unser", den Rosenkranz, weil ich in ihnen wahre Worte voller Hoffnung, Glauben an den einen allmächtigen Schöpfergott von Geist und Körper, und Liebe finde; denn wenn ich bete ist kein Platz für unheilsame Gedanken und wenn sie doch einmal auftauchen, dann verschwinden sie schnell wieder. Ich könnte jedoch mit mehr Liebe zu Gott beten, wenn ich bete ist da eher ein schwaches Flackern anstatt eines hell lodernden kräftigen Feuers. Dazu fehlt mir die Kraft und dennoch reicht mein gebrechliches Gebet um Gott zu gefallen. Das christliche Gebet ist das eines beständigen Anbetens Gottes, sei es mit vorgefassten Worten die durch Gott von Menschen wiedergegeben wurden, oder durch den beständigen liebenden Gedanken an Jesus Christus, an Gott, und der dabei entstehenden Achtsamkeit auf den Atem des Lebens, oder sei es auch durch eigenen Worte. Ein Mensch kann nur immer einen Gedanken denken; denkt er an das Gute, kann er nicht an das Böse denken. Das Gebet schwächt die inneren Feinde, die störenden unheilsamen Gedanken die uns Leiden lassen, und zerstört sie schließlich ganz, um einen leeren reinen Geist, Gottes Geist, zu erfahren, zu genießen, sich daran zu erfreuen, dankbar zu sein. Die Gedanken der Wünsche an die Zukunft oder die

Gedanken über die Vergangenheit halten uns von der Wahrnehmung der Schönheit der Schöpfung im Jetzt und Hier ab, die Schöpfung die uns, - trotz aller Zerstörung von bösen Menschen -, durch die Natur und den Geist selbst, wie durch das Wirken von guten Menschen, beständig am Leben erhält.

Im Gebet sind mir meine derzeitigen persönlichen zwei Hauptbegierden bewusst geworden.

Im Grunde wechseln die Begierden oft, der Feind ist listig, doch manche Begierde schafft man leichter zu überwinden, man denkt zwar an das Begehrte, aber man handelt nicht um es zu bekommen, andere Begierden versucht man in die Tat umzusetzen, zu erreichen, dies gelingt jedoch nicht immer. Manche begehrliche Gedanken werde ich möglicherweise nie vollständig überwinden. Möge es so sein, dass dies Prüfungen Gottes sind, die uns helfen um in irgendeiner Eigenschaft der Liebe zu wachsen, möglicherweise der Akzeptanz der Schwäche von sich selbst.

Wenn ich an Körper und Gesichter von Frauen denke und diese begehre, dann begehren vor allem der verunreinigte Sehsinn, und der Hörsinn. Wäre mein Geist frei von verunreinigten Gedanken, würden die Sinne dankbar sein um jede irgendwie geartete Regung der Liebe welche die Sinne wahrnehmen, zum Beispiel des Lichts einer Frau, und ich wäre glücklich ohne noch etwas zu wollen.

Wenn ich schreibe, hege ich eine Begierde des Nachdenkens; ich berausche mich daran was ich sagen möchte, wie ich die Sätze formuliere, welche Form die Gesamtheit der Gedanken bekommt. Das Denken ist der sechste Sinn.

Die verunreinigten Bilder der verunreinigten Sinneseindrücke sind ein Teil meines Selbst, meines Ichs. Manchmal bemerke ich zwei Arten von Ichs in mir, eines das Weltliches begehrt und eines das Spirituelles begehrt. Ein weiter hinter diesen liegendes Wesen entscheidet wessen Begehren es folgt. Manchmal führe ich mich, oder führt mich Gott, zu Heilsamen, manchmal versage ich, wenn ich keine Kraft mehr habe um mich gegen einen begehrlichen Gedanken zu wehren. Wer nun weitestgehend dem spirituellen Ich folgt, der verleugnet das Begehren des materiellen Ichs in sich, der verleugnet sein altes verunreinigtes Selbst, und der erkennt dann durch ein verstärktes Leben in einem reinen, weil leeren, und von Gott erfüllten, Geist das wahre Leben.

Will mir jemand nachfolgen, der verleugne sich selbst und nehme sein Kreuz auf sich und folge mir. Denn wer sein Leben erhalten will, der wird es verlieren; wer aber sein Leben verliert um meinetwillen, der wird es finden. (Matthäus 16.24,25)

Ich gebe zu, dass es nicht so einfach ist, alles für den Rest unseres Lebens loszulassen, zu sehr haben wir uns an begehrende, hassende und andere Gedanken gewöhnt. Würden wir es sofort können, wären wir im nu erlöste Liebende, ausgesonderte Heilige weil durch die Liebe Heilende, glückliche Menschen. Doch wir können auf dem Weg voranschreiten, hinfallen, aufstehen, weiter voranschreiten, wie es kleine Kinder tun, wenn sie Laufen lernen. Würden dies viele mit Gottes Hilfe versuchen und mehr im Spirituellen leben als im Materiellen, und würde sich somit ein ganzes Volk ändern, so würde auch die Regierung eines Staates diesen Werten folgen.

Über die Begierden habe ich bisher folgendes herausgefunden: Sie sind von dieser Welt, außer der einen kleinen Begierde nach Liebe. Ob sie in der Natur der Materie liegen, oder ob sie von dem Teufel, dem Bösen, dem Versucher, dem Tod eingegeben sind, weiß ich nicht. Unser weltliches Ich in unserem Geist ist ein, aus vielen rein materiellen Sinneseindrücken und unserem eigenen Umgang damit, zusammengesetztes Ich. Die Begierden entspringen aus einem zusammengesetzten Ich, aus Erfahrungen mit den Sinnen, aus einer daraus resultierenden Entstehung von Gefühlen, und aus Begierden nach Wiederholungen dieser Gefühle. Dieses böse Ich, diese weltlichen Wünsche, die wie Bilder im Geiste auf - und abtauchen, müssen immer mehr erkannt und verleugnet werden, will man glücklich sein, - der Eigenwille muss aufgegeben werden, wenn man lieben möchte -, denn die unheilsamen Gedanken und Taten lassen uns nur leiden. Die Liebe beschäftigt sich relativ wenig mit sich selbst, sie wünscht das Glück der anderen, doch muss sie nicht immer in Kontakt mit den anderen sein: sie kann auch einfach nur für sie beten, doch wenn nötig handelt sie auch wieder. Aus Liebe entspringt Glück. Glück ist Liebe. Deshalb sind begehrliche und hassende Gedanken Feinde in uns, weil sie uns und andere am Glücklich-Sein hindern. Selbst wenn man alleine ist, leidet man wenn man sich dabei nur um sich selbst dreht, wenn man aber alleine Gott anbetet, - also nicht unbedingt direkt den Nächsten liebt -, so können wir, wenn wir uns wirklich auf die gebeteten Worte konzentrieren, auf ihren Sinn achten, und ihn im Geiste umsetzen, und es somit dem verblendeten Geist so richtig zeigen, eine einsame - vom weiß leuchtenden vollen Mond und von den wie Diamanten funkelnden Sternen erleuchtete - Nacht genießen. Auch wenn der Mensch der Schöpfung gerade ziemlich zusetzt, der Geist kann nicht zerstört werden, nur vorübergehend mit Müll gefüllt sein, und in einem mehr oder weniger gereinigten Geist, in Gott, - und somit auch in gereinigten Sinnen, ist die Schöpfung trotz allem noch wunderschön. In Gott; damit meine ich ein Gebet ohne Worte, ein Gebet des Geistes, ein Denken an Gott, wenn Gott sich selbst liebt, und in einem wundervollen Körper atmet.

In Gott ist Glaube, Liebe und Hoffnung, die alleine glücklich machen. Wie es für die Welt ausgeht weiß ich nicht; trotz aller Dunkelheit kann ich nur hoffen.

Herr Jorge Mario Bergoglio meint in *El Jesuita*, dass, aufgrund der Hoffnung, ihrer Kraft und ihrem guten Ziel und weil sie mit Gott zu tun hat, dass Leben auf dieser Welt trimphieren wird, auch wenn er zugibt, dass er sich auch täuschen kann.

18. Ich bin manches Mal lieb und manches Mal böse

Nach dem Familiengottesdienst an einem nebeligen zweiten Advent im Benediktinerkloster St. Stephan hat der hagere betagte geheiligte Musikmönch Pater Hermann, im Anschluss beim Frühstück im großen Speisesaal, zu mir, oder einer neben mir stehenden Person, gesagt, weil er weiß, dass ich in einem Kindergarten arbeite: „Der gute alte Freund Simon, der ist doch immer so lieb zu Kindern …", daraufhin hat er eine kurze Pause gemacht und hinzugefügt: „ … und manchmal ist er auch böse." Daraufhin hat er schallend gelacht. Ich habe nichts geantwortet, nur zustimmend und dankbar für diesen Hinweis unmerklich mit dem Kopf genickt. Darüber habe ich nachgedacht und seitdem noch konsequenter versucht böses Tun, im Denken, Sprechen oder Handeln, im Kindergarten zu vermeiden, was mir immer noch nicht ganz gelingt, denn dann wäre ich ja vollständig von Gott erleuchtet; liebend, heilend, glücklich. Seit diesen Worten vom Nikolaus, der mir aus seinem goldenen Buch über mich vorgelesen hat, arbeitet es sich jedoch besser. Ich werde nicht mehr so oft laut, weil ich mal gelesen und erkannt habe, dass schreien überhaupt nichts bringt.

Sieh, … mein (Gottes) *Geliebter, … Er wird nicht streiten noch schreien, noch wird jemand seine Stimme auf den Straßen hören; ein geknicktes Rohr wird er nicht zerbrechen, und einen glimmenden Docht wird er nicht auslöschen, bis er das Gericht hinausführe zum Siege; und auf seinen Namen* (Jesus Christus) *werden die Nationen hoffen." (Matthäus 12.19)*

Doch trotz aller Liebe die man gegenüber den Kindern haben sollte, bin ich der durchdachten Meinung, dass die ruhigen und anständigen, sowie die schwachen, vor den wilden und aggressiven Kindern beschützt werden müssen. Die Ordnung, eben die Regeln der Liebe in einer Gruppe müssen von den Erziehern bewahrt werden, auch wenn deshalb zerstörendes Verhalten von Kindern getadelt und heilsames Verhalten eingefordert werden muss, auch wenn dafür notfalls ein Kind immer wieder konsequent aber sanft hingesetzt werden muss, oder sogar auch mal lauter angesprochen werden muss, wenn es auf flüsternde sanfte Zusprache absolut nicht hören will. Die Eltern wollen zur Sicherheit und für die Möglichkeit eines vielfältigen Lernens ihrer Kinder, dass die Erzieher in Sanftmut und mit einer gereinigten Wahrnehmung fähig sind, in Kraft so zu handeln, dass die Kinder in ihrer Verschiedenartigkeit wahrgenommen werden und so akzeptiert und gewollte sind, in den verschiedenen Bereichen eines Menschen gefördert werden und den guten Ratschlägen der erziehenden Personen folgen.

Wer seine Kinder liebt ist streng und setzt ihnen Grenzen, wenn sie die allgemeine Harmonie stören. Und wer die Kinder liebt, muss sie nicht ständig in den Arm nehmen oder ihnen einen Kuss auf die Wange geben, es reicht wenn man für sie achtsam da ist. Natürlich darf man sie jedoch einmal herzen, in den Arm nehmen, hochheben.

Ich denke diese Art der Erziehung, in der so lebenswichtigen Phase eines Kindes, ist nahe an der Wahrheit. *Du sollst deinen Bruder in deinem Herzen nicht hassen. Du sollst deinen Nächsten ernstlich zurechtweisen, damit du nicht seinetwegen Schuld trägst. (Das dritte Buch Mose, Levitikus. Kapitel 19, Vers 16-18)*

Und doch kann man manches überhaupt nicht allein bewirken. Ich erinnere mich wie vor einigen Monaten im Kindergarten viele Kinder auf einer selbstgebauten breiten Wippe saßen, die auf harten Steinen stand. Die Kinder haben hoch gewippt, und als ich gerade vorbeikam sah ich schon die Gefahr, dass ein Mädchen herunterfallen könnte und von der sehr kraftvoll sich bewegenden Holzwippe geschlagen werden könnte; und tatsächlich verlor das Mädchen den Halt, fiel rückwärts von ihrem Sitz, und landetet so unglücklich, so dass ihr Kopf mit dem Gesicht nach oben auf dem harten Stein lag und die Wippe auf sie von oben nach unten zuraste. Ich selbst hätte nicht so schnell und präzise handeln können wie ich es tat, als ich schnell hinzutrat die Wippe mit einer Hand fasste und sie einen Zentimeter vor dem Gesicht der Kindes zum Stillstand brachte; eine höhere Macht und Kraft hatte mich und meine Hand geführt.

Ich dankte Gott und ließ die Wippe entfernen. Und dabei fällt mir auf: Wenn ich während der Arbeit liebe, dann tut das Gott in mir.

19. J. und ich und wenige gemeinsame Beter

Ich habe mich ein wenig mit L.'s Mutter unterhalten als sie drei Tage nach Nikolaus ihre Tochter abgeholt hat. Ich sehe sie gerne an, auch wenn ich sie eher selten sehen darf, denn ihre natürliche Gestalt, ihre von Gott gegebene Schönheit, spricht mich an, und es wäre ihm gegenüber unangebracht würde ich dies Geschenk für den Sehsinn nicht genießen. Ich glaube es ist ihr nicht unangenehm, sonst würde ich es lassen. Ich starre sie ja nicht an. Ich habe gefragt, ob ich ihr eine Kleinigkeit zu Nikolaus schenken darf, etwas was ich selbst gemacht habe. Sie fand es hübsch und hat mich ein paar Mal mit ihren klaren braunen Augen angesehen. Alleine diese Blicke, in denen ich ein wenig in ihr klares Wesen hineinsehen durfte, reichen mir schon. Was könnte diesen Blicken noch mehr hinzugefügt werden? Und dieses etwas liegt nicht nur in ihren Augen, sondern in allen Augen. Wenn auch nicht immer, aber dennoch oft.

Ich glaube wirklich, und das ist das Schöne an der christlichen Religion, dass Gott den Menschen geschaffen hat und jeden liebt. Sein Leben kann so schön sein. Schöner als wir es uns vorstellen können. Alles ist nicht nur *von* Gott, sondern es *ist* Gott. Gott und die Schöpfung, die Natur, kann man nicht von einander trennen, auch wenn sein Geist noch unendlich mehr ist, innerhalb des Universums und ich glaube auch darüber hinaus. Was sollte dies alles, die

113

Welt, das Universum, der Geist, sonst sein? Ein Zufall, ohne Gott und ohne Sinn, wie es manche Menschen sagen? Alles was schön ist, ist sinnvoll, heißt es in dem Buch „der kleine Prinz". Sie aber sagen, mein Leben und das der anderen soll ohne Sinn sein, L.'s Schönheit und die der anderen Frauen ist nur ein Zufall? Nein, dass will ich nicht glauben; dann glaube ich doch lieber den Worten aus der Bibel, die wahre Ereignisse und die schönsten Gedanken, Worte und Taten in der Menschheitsgeschichte wiedergibt; und zwar das Gott jeden Menschen, seine gesamte Schöpfung, liebt, und zwar durch alles was einen Menschen ausmacht.

Wenn der Mensch Böses tut, nicht auf die Liebe vertraut, die sich ihm in so vielem offenbart, was seinen Körper und Geist erhält, wenn er also anderen Unglück bring, ist er nicht so schön, doch gerade durch den Kontrast Schwarz, wird das Licht und die Farben noch schöner.

L.'s Mutter nun, finde ich hübsch. Sie hat ein reines volles harmonisches Gesicht ohne besondere Auffälligkeiten, die Lippen sind nicht zu dick und nicht zu dünn und fein geschwungen, die Oberlippe ist ein wenig aber kaum merklich dünner, die Nase hat einem sehr geraden starken Nasenrücken und sie ist nicht zu kurz und nicht zu lang, die Augen sind braun und werden von feinen braunen Augenbrauen überdacht, ihre dunkelblonden schulterlangen Haare hat sie oft zu einem einfachen Pferdeschwanz hinter dem Kopf zusammengebunden. Sie ist auf eine natürliche

Weise hübsch, ohne dass sie sich schminkt, obgleich sie das auch gut kann.

Bei der Verabschiedung habe ich mal wieder „L. Mama" gesagt, da ich ihren Namen nicht kannte. Sie hat mich angelächelt und gemeint, ich dürfte J. zu ihr sagen. Vielleicht sollte ich sie einmal fragen, ob sie einen Kaffee mit mir trinken gehen möchte. Und wenn sie „nein" sagt, dann lehnt sie ein Angebot von mir ab, aber das heißt nicht, dass ich deswegen nicht weiterhin in der Gegenwart Gottes verweilen darf, und möglicherweise kommt dann eine andere hübsche Frau die ich kennenlernen darf, und die mich kennenlernen will, wenn ich noch lerne so ein Geschenk anzunehmen, und es mir nicht selbst verweigere. Die Liebe führt letztendlich zu jedem positiven Ziel, zu jedem angemessenen Wunsch, zu jedem unerreichbaren lichten Traum, auch wenn das Licht und die Liebe einen woanders hinführen, als man selbst gedacht hat. Das Leben ist gut zu einem.

Oder aber ich werde doch noch Mönch. Die Dominikaner beten nicht so viel wie die ortsansässigen Benediktinermönche die Psalmen in Gemeinschaft, die ich mit der Zeit lieben gelernt habe, und vor deren Lebensstiel und seiner Frucht ich so viel Respekt habe, dem ich aber wahrscheinlich leider nicht gewachsen bin. Ich bete gerne, und auch in der Gruppe, aber nicht so viel, dafür habe ich nicht die Kraft. Die Dominikaner dürfen versetzt werden, die Benediktiner bleiben an dem Ort wo sie eintreten. Diese Stadt ist mitunter meine Heimat, für jemand der nicht das intakteste Zuhause hatte. Ich möchte hier bleiben und ich möchte wieder öfter zu den Benediktinern gehen zu dem Ort, den ich unter anderen einmal als so etwas wie ein spirituelles Zuhause empfundne habe.

Bei den Dominikanern habe ich noch den Rosenkranz gelernt. Das einfache, arbeitende, das die Welt mit am Leben haltende Volk, kann bei den Augsburger Dominikanern nur am tägliche Rosenkranzgebet mit teilnehmen, bei den Benediktinern am Psalmengebet, nur betet das Volk und vor allem Frauen lieber den Rosenkranz, - nicht das ganze Volk, in Deutschland beten im vergleich zu früher immer weniger Menschen, in der Kirche Sankt Ulrich und Afra, der ich durch meinen Wohnsitz angehöre, sind es nur noch wenige Rosenkranzbeter.

Andererseits hängt mein Herz schon noch an den Benediktinern, an der Kontemplation, an der Arbeit, an den Gärten, an deren Sinn für Natur, für die Achtung und Bewahrung der Schöpfung, die unseren Körper am leben hält und ihn heilt.

Ich bin zwar schon 35, doch die letzten sieben Jahre habe ich viel studiert, gelernt, gebetet, geübt und Gott gesucht, und jetzt warte ich auf einen Impuls was ich vielleicht noch tun soll oder darf; und trotz dessen was ich manchmal gerne tun würde, gibt es nur das Hier und Jetzt, in diesem Leben gibt es nur die Harmonie eines liebenden Geistes hier und jetzt – und das ist sehr viel; was soll ich diesem Sein zum trotz noch wollen, was nur eine Vorstellung, gerade keine reale Wirklichkeit, eine Illusion, in meinen Gedanken, ist? Wenn mir zudem noch etwas geschenkt wird, dann ist das zusätzlich wundervoll.

Ich weiß noch nicht, was ich schaffen kann. Alles erfordert Kraft und bestimmte Fähigkeit und einen bestimmten Charakter. Was kann ich überhaupt? Gott wird mir, zu was auch immer, die Kraft und die Fähigkeiten geben.

Ich kann jetzt sterben, doch auch noch zwei mal so lange leben wie bisher, mein Leben liegt in Gottes Hand: Er weiß am besten, wie ich am besten die Liebe lerne, auch wenn dazu sogar Leid gehören mag.

Wer beharrlich ist, wird auch an einem Ort angenommen werden, für den er das eigentliche Eintrittsalter schon bald überschritten hat; oder er wird von einer liebenden hübschen Frau angenommen werden. Für jedes Wesen gibt es seinen Platz. Und wenn es auf dieser Erde einen schweren Start hatte, oder gar ein schweres Leben, sich aber trotz dessen, und trotz grober Fehler, um ein wenig Liebe bemüht hat, so hatte so ein Leben ohne offensichtlichem Platz womöglich auch seinen Sinn, auch wenn diesen nur Gott kennt, und ich denke so ein Wesen wird nach dem leiblichen Tod bei Gott entlohnt werden.

20. Gedanken darüber, warum das Böse existiert, es aber nicht müsste

Ich habe in dieser Niederschrift meiner Gedanken, in einer Phase wo mein Herz nach all den leidvollen wie heilenden Erfahrungen endlich etwas aufzubrechen scheint, erwähnt, ob es, in einer Relation zu allen mehr oder weniger anständigen Menschen, wenige böse Menschen schaffen, die vorübergehend mächtige Positionen innehaben, oder auch gänzlich unmächtige, diese Erde nahezu zu zerstören, durch Ausbeutung der Rohstoffe, durch die Zerstörung der für den Körper lebenswichtigen Elemente, so wie der Pflanzen, der Tiere, und der Mineralien, durch Kriege und Terror, eben durch Misshandlung und Töten von Mensch, Tier und Natur, aufgrund von ethnischen, religiösen oder auch ideologischen Fanatikern, oder auch durch krankhafte Begierden, ich denke hier an den Missbrach von wehrlosen Kindern und Frauen.

Anscheinend können böse Menschen viel Schaden anrichten, viel Leid verursachen.

Warum ist ein Mensch böse, wie wird ein Mensch böse, ohne Mitgefühl, Erbarmen und Liebe, zerstörerisch? Jeder Mensch hat seine Geschichte und ist deshalb geworden wie er ist, außer wenn er sich für die Liebe entscheidet, dann wird er ein anderer; doch es geht hier um die, welche nicht aus Erfahrenem und den darauf folgenden unwissenden Reaktionen, - und diese wiederholend zu Gewohnheiten werden lassend -, ausbrechen können.

118

Wir haben zwei gleiche Kinder, mit dem selben Geist, dem selben Herz, den selben Augen, dem selben Lächeln, dem selben Atem, dem selben Körper.

Das erste erfährt hauptsächlich Liebe, Zuneigung, ihm werden Fähigkeiten gelehrt durch ein heilsames Vorbild, es erfährt keine Gewalt wenn es etwas falsch macht, sondern Vergebung, mit ihm wird liebevoll, ruhig und besonnen gesprochen, es wird beschützt, auch vor sich selbst, im Notfall auch mit einem groben aber beherzten Griff, mit väterlicher Strenge. Es erfährt Vorbilder die zwar auch Fehler machen, die aber das Herz am rechten Fleck haben, die in ihren Gedanken bei der umfassenden selbstlosen Liebe von Jesus Christus, oder einfach bei der Liebe sind, die deshalb glücklich und zufrieden sind, und ahmt diese Harmonie verbreitenden Vorbilder nach.

Das zweite Kind erfährt hauptsächlich Hass, Ablehnung, Nicht-Beachtung, ihm wird nicht vergeben, es wird bestraft, eingesperrt, geschlagen, es wird angeschrieen, es wird nicht vor Gefahren beschützt. Es erfährt negative Vorbilder, deren Gedanken voller Begierden und Hass sind, die aufgrund ihrer Taten, ihren Schuldgefühlen, ihrer Unruhe, ihrer Unzufriedenheit leiden, vor allem aufgrund ihrer Unwissenheit, die entstand, weil sie selbst als Kinder Leid erfahren haben, es erfährt Vorbilder die nicht wissen, wie sich Liebe, Frieden und Glück anfühlt, weil sie nicht angenommen haben was zu Glück führt, als sie von Gottes Liebe gehört hatten; denn jeder Mensch

bekommt die Chance, hat seine eigenen Offenbah-
rung. *Gott hat mich erlöst, dass ich nicht hinabfahre zu den
Toten, sondern mein Leben das Licht sieht. Siehe, das alles tut
Gott zwei - oder dreimal mit einem jeden, dass er sein Leben
zurückhole von den Toten und erleuchte ihn mit dem Licht der
Lebendigen. (Buch Hiob 33.28-32)* Jeder ist für sein
Leben selbst verantwortlich, für sein denken, für
seine Entscheidung, doch Gott hilft jedem in seiner
Allmacht und Allwissendheit und Liebe.

Alles, der individuelle Körper, wie der mit negativen
weltlichem gefüllte Geist, wie der kollektive Körper
und der kollektive mit negativen weltlichem gefüllte
Geist, sind ständig in Veränderung; ursprünglich
jedoch ist der Geist rein, nicht veränderbar, nur die
weltlichen Inhalte sind es. Viele böse Menschen
wissen nicht dass sie tot sind, und wenn sie es ahnen,
dann denken sie ihr Leid sei etwas festes, sie wissen
nicht, dass, weil sich alles verändert, auch ihr Leid
veränderbar ist, indem sie anfangen nicht mehr so zu
denken, wie es ihnen beigebracht wurde, an das sie
sich dann gewöhnt haben und dieses denken freiwillig
weitergeführt haben; sie denken folgendermaßen
falsch, und zwar, dass alles unwandelbar ist und auch
getrennt von einander und ebenso mehr an Materielles als an Spirituelles, sie denken nicht an die Liebe.
Die Liebe ist einzig wirklich unwandelbar. Ich denke
auch ihre Motivation ist falsch; mit Absicht streben
sie unheilsame, leidbringende Ziele an.

Das Materielle hat seinen wert, doch nur an dieses zu denken, dieses zu begehren wegen irgendwelchen aufregenden extremen Sinneserfahrungen, ist unvollständig und kann im Extremfall auch zu Leid führen. Dessen Ich stark begehrt, und wenn dieses Ich dieses oder jenes nicht bekommt, erreicht, dann entsteht Verdruss, Ärger und Hass. Dessen Gedanken wiederum nun voller Hass sind, der leidet an negativen Geisteszuständen, an negativen Gefühlen, an negativen Körpererfahrungen, an negativen Reaktionen seines Umfelds u.s.w. Dessen Gedanken voller reiner Liebe sind, der erfährt Glück, der erfährt reine angenehmen Geisteszustände, angenehme Körpererfahrungen, das wahre Gefühl der Liebe, positive Reaktion von seinem Umfeld, und jener denkt positiv, richtig, ist voller Hoffnung. Das kann jeder an sich selbst prüfen, das ist wahr und am eigenen Geist und Körper nachvollziehbar.

 Liebe ist die höchste Spiritualität und ich glaube dass Gott die Liebe ist, der sie sogar dann hin und wieder in uns schopft, wenn wir noch gar nicht bereit sind, noch gar nicht „ja" zu ihm gesagt haben; einfach als Angebot, um unser Denken zu ändern, als Liebesbeweis. Ein gereinigter klarer Geist, die Gedanken bei der Liebe weilend, das ist Gott; und nicht irgendein falsches Bild von einem hassenden und strafenden Gott welches jemand sich selber macht, weil er Hass in sich trägt.

 Mit dem Hass sind auch die Begierden nahe verwandt. Begierden beschäftigen sich nur mit sich selbst und kümmern sich nur wenig um die anderen; sie lieben mehr die eigene Sinnesbefriedigung als die anderen. Wer, von der Sinnesbefriedigung befreit, begierdelos rein liebt, kann nicht seine selbstsüchtigen „Bilder" in seinem Geist begehren, der begeht keine negative Aktivität, und der erfährt somit ein friedliches, ruhiges Sein im Hier und Jetzt. Der erfährt eine Schönheit, die er sonst durch seine rastlose Jagd, nach unreiner Sinnes – und Gefühlsbefriedigung, nach Wissen und nach Macht, nicht erfahren würde; der erfährt einen ungetrübten reinen Geist, der erfährt somit die Schönheit von Licht in der materiellen Welt, wie möglicherweise auch im Geist wenn ihn dieses geistige Licht von Gott aus durchströmt, der erfährt die Schönheit der Schöpfung, die Schönheit von Menschen und der Natur, die Schönheit eines Atemzuges, und auch einfach die kristallene Reinheit des Geistes.

Ich habe es bereits weiter oben erwähnt: Böse Menschen müssten nicht böse bleiben, müssten nicht weiter Böses erschaffen, müssten darunter nicht selbst leiden und würden so auch kein Leid mehr für andere erzeugen.
 Das Böse existiert, weil vor langer Zeit ein Mensch sich von der Liebe abgekehrt hat; und so mancher ist im gefolgt. Dieser hatte kein Interesse an der Liebe, an den Mitwesen, er wollte über ihr stehen, nicht immer klein sein, nicht immer dienen, also nicht lieben. Das deutsche Wort „Interesse" besteht aus

den lateinischen Wörtern „inter", was sinngemäß „verbunden" heißt, und „esse", was „sein" heißt, also „Verbunden-Sein". Wer kein Interesse an dem großen Ganzen, an Geist, an der Liebe Gottes, seinem nächsten Mitwesen hat, ist nicht verbunden mit allem Weltlichen, nicht verbunden mit Geist und Liebe, der nimmt diese Verbundenheit nicht wahr; wer sich mit den anderen Wesen nicht verbunden fühlt, ist gefühlsmäßig von ihnen getrennt, der ist geistig, der ist innerlich, tot, weil er nicht am gesamten Leben teilhat, welches in allem mit allem verbunden ist.

 Und doch hat vielleicht auch manchmal irgendwie das Böse seinen Wert, indem es zu Wachstum verhilft; böses Werk lässt andere Leiden und deswegen ist es verwerflich, aber wenn es doch einmal passiert, kann Gott sogar auch daraus etwas Gutes entstehen lassen. Scheiße ist ein guter Dünger.

 Das Pferd macht den Mist im Stall, und obgleich der Mist einen Unflat und Gestank an sich hat, so zieht dasselbe Pferd doch den Mist mit großer Mühe auf das Feld, und daraus wächst sodann schöner Weizen und der edle, süße Wein, der niemals wüchse, wäre der Mist nicht da. Also trage deinen Mist – das sind deine Gebrechen, die du nicht abtun, ablegen noch überwinden kannst – mit Mühe und mit Fleiß auf den Acker des liebreichen Willens Gottes in rechter Gelassenheit deiner selbst. Es wächst ohne allen Zweifel in einer demütigen Gelassenheit köstliche, wohlschmeckende Frucht daraus. (Johannes Tauler) Ich glaube, dass Gott aus allem, auch aus dem Bösesten, Gutes entstehen lassen kann und will. (Dietrich Bonhoeffer: Widerstand und Ergebung)

21. Ich am 24.12.2014

Es ist ein wolkenfreier sonniger Weihnachtsmorgen.
Es ist der 24. Dezember, ich erwähne das, weil Weihnachten im Grunde auch jeden Tag ist. Ich bleibe
etwas länger im Bett liegen als sonst. Ich denke an
dieses und jenes, Bilder der vergangenen Tage steigen
auf und sinken wieder in die Tiefen meines Bewusstseins zurück. Ich denke auch an J. Ich akzeptiere, dass
sie wahrscheinlich nichts von mir möchte, sonst hätte
sie sich einmal gemeldet, da sie meine Telefonnum-
mer schon bekommen hat. Ich erhebe mich und
betrachte, aus dem nach Osten ausgerichteten schrägen Dachfenster, kurz das milde Orange am Hori-
zont, über den schattigen, dreieckigen Silhouetten der
Dächer und den verschiedenförmigen Baumwipfeln,
welches durch ein zartes Gelb das darüber liegt,
fliesend in den weiten klaren blauen frischen Mor-
genhimmel übergeht. Dann bete ich zuerst die Laudes
aus dem Brevier, dem Chorgebetsbuch. Am Mittwoch
steht am Ende immer das Hohe Lied der Liebe. Ich
lese es langsam und bewusst und denke über die
Worte nach, so dass sie tief in mich eindringen und
sich dort festsetzen. Ich frühstücke etwas und nehme
dann wieder den Wochenpsalter mit den Psalmen in
die Hand.

 Ein warmes angenehmes Licht legt sich an der Seite
auf das hellbraune ausgebleichte Holz des schrägen
Küchenfensters, sowie auf einen nach außen führen-
den Ausschnitt der weißen Fläche, die sich zwischen

der Dachschräge und dem weiter dahinter liegendem Fenster befindet.

Am Nachmittag und am Abend schenkt Gott uns ein angenehmes Weihnachtsfest. Ich feiere erst mit meiner Mutter, meiner Schwester, meiner Nichte, und dann mit meinem Vater und dessen neuen Frau. Bei allen darf ich wenigstens einmal die unendliche bedingungslose Liebe erwähnen, und somit meine mit mir im Herz verbundenen Lieben daran erinnern. Beim Vater darf ich sogar das Hohe Lied der Liebe vorlesen, nachdem ich ihm als Buddhisten eine Elberfelder Bibel geschenkt habe. Alle Verwandten bemühen sich an diesem Tag um Freundlichkeit und halten sich selbst zurück soweit sie es vermögen.

Und ein Jahr später sollte sich sogar meine Schwester mit ihrem Vater wieder versöhnt haben. Wie schön dass es die Unbeständigkeit gibt, nur deshalb können sich Menschen auch ändern.

22. Stille und Gedanken des Ich um Weihnachten

An einem der letzten Tage im Dezember, blicke ich aus dem alten breiten dreiteiligen Fenster, und leise rieseln trockene Schneekörner zahlreich auf die Stadt, auf die mit roten oder schwarzen Ziegeln bedeckten Dächer, auf die verschnittenen kahlen hohen Kastanien im Hof und auf der anderen Straßenseite, auf die ebenfalls hohe grüne Fichte im Nachbargrundstück, auf die graue Straße, die Gehwege, die parkenden Autos. Der nicht sichtbare Himmel leuchtet hinter einer durchgehenden Wolkendecke matt in einem fahlen Weiß, und auch die Erde mit all ihren materiellen Farben und Formen wird vom stillen Weiß aus dem Himmel verschluckt. Hin und wieder wird der Schnee auf den Dächern von einem kalten Windstoß wie Puderzucker hinunter geweht.

Im Januar sagt meine Mutter zu mir, als sie mich besucht und ich meine Gedanken bei Jesus Christus halte, und ich versuche nichts Böses zu reden, sie sei dankbar, dass ich zu Ihr so oft von der Liebe geredet habe, ihr eigenes Nachdenken über Liebe und Vergebung das habe ihr daraufhin geholfen mit Menschen umzugehen und öfter einmal glücklich zu sein, und sie sei Stolz auf mich.

Ich antworte: „Wenn ich irgend etwas Gutes getan habe, dann hat das Gott gewirkt. Und ohne Gott wäre ich immer noch ein schlechter Mensch." Ich möchte Gott die Ehre geben, weil sie ihm gebührt, nicht mir.

Sie lacht und sagt: „Ja, so sagt man."

Morgen beginnt wieder die Arbeit.

Es ist schön, wenn die winterliche Morgensonne die kahle Baumkrone der alten Kastanie bescheint, - die ich von dem schrägen Dachfenster meines Schlaf -, Bet - und Arbeitszimmers aus teilweise sehe -. Es wirkt beruhigend wie sich ihre dürren knorrigen Ästchen mit den dickeren, mit weißen und gelben Flechten bewachsenen, Hauptästen vor einem reinen hellblauen Himmel in diesen strecken, und von einem milden goldenen Licht beschienen eben in jener Farbe glänzen.

Ich denke daran wie die Menschen freundlich zu mir sind, seit ich wieder freundlich zu ihnen bin, seit ich wieder angenehmen Kontakt zu Menschen habe, und daran wie sie schon oft freundlich zu mir wahren. Früher als es mir nicht gut ging, als ich in Unwissenheit viel gesündigt hatte, Fehler gemacht hatte, die andere hab Leiden lassen, da haben mich die Menschen irgendwann wenn überhaupt nur noch jeweils kurz ertragen, und ich befürchte ich hatte in ihnen nur noch mein eigenen Leid gesehen. Nun freuen sie sich vielleicht ein wenig, wenn sie mit mir zusammen sind oder an mich denken und wenn ich dabei an die Liebe Gottes denke, und die Liebe in mir somit nicht verdeckt wird, zum Beispiel durch Gedanken an materielle Dinge wie Geld, die aus sich selbst heraus keine Liebe haben, die nicht Liebe sind.

Das einzige was ein Wesen wirklich geben kann, was nicht vergeht ist Zuneigung, ist die Liebe. Die Liebe macht einen selbst und andere glücklich. Wer hasst leidet, seine geistige und körperliche Harmonie gerät aus dem Gleichgewicht, und andere leiden unter den psychischen und physischen Schmerzen wenn sie gehasst, angeschrieen, geschlagen, hart bestraft, oder sogar getötet werden.

Ich weiß nicht wie es passiert ist, aber Gott hat mich so geführt, dass ich wieder lieben kann. Ohne authentischen Priester voll geistiger Liebe, ohne authentische Gläubige aus allen Religionen, ohne die Heilige Schrift der Christen und ohne die heiligen Schriften von weiteren authentischen Lehren, ohne die heiligen Worte, ohne Gott und seinem Geist in seinem Sohn, seiner Erscheinungsform auf dieser Erde, und ohne das Geschenk eines irgendwann von mir begonnenen mehr oder weniger beständigen Gedenkens an diesen Sohn, wäre ich in meiner psychischen und physischen Hölle gefangen geblieben und schließlich ganz gestorben.

Ich liebe J. und auch andere Frauen, wie ich schon einige Frauen etwas geliebt habe, - und sie nach der Bekehrung nun wieder liebe -, die bereits nicht mehr da sind, weil sie entweder gestorben oder nun umgezogen sind und einen Partner haben. Diese Liebe zu J. mag vielleicht einseitig sein. Doch auch bei Gott ist die Liebe oft einseitig. Er verschenkt seine im Herbst am Baum hängenden goldenen süßlich duftenden Äpfel kostenlos und kaum einer möchte sie oder schätzt sie wert, - manche wollen die Bäume sogar fällen -; er verschenkt großzügig an jeden der sich auf die Suche nach Liebe, nach Gott, macht, seinen Geist.

Auch wenn manche nun woanders sind, trotzdem liebe ich die Menschen, oder Wesen, die mir Gott bisher gegeben hat, und diese Liebe wächst immer weiter; ich werde auch die lieben die er mir momentan gibt und noch geben wird. Irgendwie sind sie alle, wie auch ich, der eine sich materiell verändernde Gott, indem alles miteinander in Ursachen, Wirkungen, und Umständen miteinander verbunden ist, wie auch der ewige, unendliche, unbeschreiblich klare, reine und liebende Geist Gottes, der das Universum umgibt und in diesem wirkt; sie alle werden von seinem Licht, seiner Wärme, seiner Luft, seinem Wasser, seiner Erde, seiner Liebe beschenkt; ob sie nun schon gestorben sind, und woanders weiterleben, oder gerade auf dieser Erde leben, oder noch auf dieser Erde erscheinen werden.

Ich erkenne, egal was passiert, ich möchte mich weiter an den Gedanken an die Liebe gewöhnen, dann wächst diese immer mehr. Bisher habe ich mich an dies und das gewöhnt, und es hat mir nie eine bleibende Befriedigung verschafft, nun ist die beglückende Liebe an der Reihe, und sie ist das Ende jeder möglichen Suche. Und Gott hilft mir dabei. Das Wort

„Gott" kommt in der germanischen Sprache, die neben den slawischen und romanischen Sprachen aus dem Indogermanisch hervorgegangen ist, welches vor etwa zweitausend Jahren vom Norden Europas bis nach Indien gesprochen wurde, aus dem Wort „gut"; oder „gut" kommt von „Gott". Gott ist gut, ist nicht böse. Gott straft auch nicht, wenn dann strafen wir uns selbst. Der Sinn des Wortes „Gott" wird auch erschlossen, wenn man es von dem Hauptwort „Güte" ableitet. Güte beinhaltet - neben Erbarmen und zärtlicher aufrichtiger Zuneigung - auch die Hilfe, Güte hilft indem sie aus dem Leiden rettet. Der Name Jesus ist die griechische Form des aramäischen Jeschua (= Josua), das heißt: Jahwe (Gott) ist Rettung.

Wer an die Liebe Gottes denkt, denkt gut, ist gut, ist ein Teil von seiner Liebe, ist für immer gerettet, ist erlöst.

Mitte Januar sagt der fünfjährige Jo, mit dem ich, weil er in einer anderen Gruppe ist, nicht so viel Zeit verbringe wie mit anderen Kindern, bei der Verabschiedung per Handreichung zu mir: „Wenn Jesus stirbt, kommt er in den Himmel."

Ich sage dankbar und erfreut über ein aufmunterndes Wort nach einem langen Arbeitstag: „Ja, danke."

Nicht das dies unbedingt ein Wort Gottes war, aber wenn Gott will sendet er ein gutes Wort durch wen er will, sogar durch ungute Menschen.

23. Schlussgedanke

Ich gestehe, ich habe mir sehr lange Zeit gelassen, um durch einen wahren Glauben wie dem christlichen, glücklich zu werden und es zu sein. Ich wollte so viel und hatte deshalb keinen Platz für Gott; ich war so Stolz auf mein eigenes dürftiges Ich, dieser Stolz war das einzige was ich hatte, weil ich keine Liebe hatte. Ich denke mein Herz macht sich erst jetzt, nach vielem eigenen Hin und Her, auf, um aufzubrechen. Ich hoffe dem Aufbruch folgt nicht wieder ein Verschließen, aber ich bete manchmal zu Gott, er möge mir weiterhin helfen, dass seine Liebe in mir Raum zum wachsen findet.

Wenn ich mich nun umsehe, merke ich, wie einige Menschen, und einige weitere Wesen, unter der einen und anderen Sache leiden. Doch Leiden können auch Samen zum Wachstum sein, indem man ihren Ursachen flieht, und so entwickelt sich jedes Wesen; vielleicht langsam aber jeder entwickelt sich.

Es liegt außerhalb meiner Fähigkeiten, die welche ich liebe wirklich von ihren Leiden zu erretten und sie für immer zu beschützen, wie gesagt, möglicherweise lernen sie nur durch das Leiden, - ob sie es sich selbst auferlegen, oder ob es ihnen zu ihrem Wachstum von einer für uns unsichtbaren allmächtigen und gütigen Macht gegeben wird, das weiß ich nicht; ich vermag nur hin und wieder ein „Vater Unser" oder ein anderes Gebet für sie zu beten und auf die Liebe Gottes zu vertrauen und wenn möglich in liebevoller Gesinnung ganz für sie da zu sein. Es ist jedoch ihre eigene Entscheidung ob sie die Liebe, die sie vor allem Unheilsamen bewahrt und erlöst, annehmen oder nicht. Die Liebe respektiert die Entscheidung und kann sich ihnen nur immer wieder anbieten.

Mögen sie ewig in Gottes Liebe sein.

Und wer auch immer etwas anderes behauptet, dem entgegne ich: Es gibt unseren Schöpfer, den allmächtigen bedingungslos und grenzenlos liebenden Gott, weil jeder der ihn sucht, ihn auch schon erlebt hat, und sogar die, die ihn nicht suchen; - sie erahnen ihn, aber glauben es nur nicht.

Nun, manche Menschen leiden anscheinend gerne, sie fühlen sich lieber tot als lebendig, und höchstwahrscheinlich bemerken diese nicht einmal, dass sie eigentlich schon tot sind, und das Leben in seiner Fülle, - mit seinem Geist, mit seiner achtsamen Atmung und seiner Luft, mit seinem Licht und mit seinen Farben und Formen -, überhaupt nicht mehr erahnen und das Paradies erst recht nicht wahrnehmen.

Manche Menschen leiden unter den sich selbst zugefügten unheilsamen Taten, in Gedanken, Worten und Werken, die ihren Geist verschmutzt haben, die zu Verblendungen in unserem Geist wurden.

Die Medizin, die christliche Religion, von deren süßen Frucht Meister Eckhart folgendes spricht, ist das Mittel zur Heilung eines kranken Menschen wie ich es einer war, und sie wäre auch die Medizin für viele weitere kranke Menschen; sie sollte aber auch eingenommen werden: ... *das sollst du bei der Wahrheit wissen: so still und leer wie möglich* (sei dein Geist), *das ist dein Allerbestes! ... Merke folgendes: Alles Bußleben ist unter anderem deshalb erfunden – sei es Fasten, Wachen, Beten ... oder dergleichen -, das alles ist darum erdacht, weil der Körper und das Fleisch* (durch gedankliche weltliche Bilder im Geist) *sich zu jeder Zeit gegen den* (reinen) *Geist stellen ... Wenn man ihm also dies* (Bußleben) *antut, um ihn gefangen zu halten: willst du ihn tausend mal besser fangen ... so lege ihm den Zaum der Liebe an. Mit der Liebe überwindest du ihn am wirksamsten ... Und darum lauert uns Gott mit nichts so sehr auf wie mit der Liebe. Denn mit der Liebe ist es wie mit der Angelrute des Fischers. Der Fischer kann den Fisch nicht fangen, wenn er nicht an der Angel hängt. Hat er den Angelhaken geschnappt, dann ist der Fischer des Fisches sicher; mag sich der Fisch noch so hin und her wenden, wohin auch immer, der Fischer bleibt seiner ganz sicher. In diesem Sinne rede ich von der Liebe: wer von ihr gefangen wird, der trägt die stärkste Fessel und doch eine süße Last. Wer diese süße Last auf sich genommen hat, der erreicht mehr und kommt damit weiter, als mit aller Bußübung und Askese, die alle Menschen je üben könnten. Er kann auch heiter all das erleiden und ertragen, was ihn anfällt und Gott über ihn verhängt* (um das Wachstum der Liebe voranzutreiben), *und er kann auch gütig alles vergeben, was man ihm Übles antut. Nichts macht dich Gott so zu eigen, noch dir Gott so zu eigen wie dieses süße Band. Wer diesen Weg gefunden hat, der suche keinen anderen ... Darum suche allein diese Angel, dann wirst du liebevoll gefangen, und umso mehr gefangen, umso mehr befreit. Dass wir so gefangen und befreit werden, dazu helfe uns der, der selber die Liebe ist. Amen. (Meister Eckhart: Aus den deutschen Predigten.)*

Das süße Band: Ich möchte dem kurz hinzufügen: Die Liebe ist also süß, sie ist Glück.

Die Liebe und das Glück können in die Unendlichkeit wachsen, aber nur dann, wenn sie ihren größten Feind, den Hass in den Menschen, lieben kann. Diesen soll sie zuerst so akzeptieren wie er nun mal aufgrund seines erlebten und seinen eigenen Entscheidungen wurde. Aus der Akzeptanz wächst dann die Liebe. Und dann hat sie keine weiteren Feinde mehr.

Ich war auch schon ein Feind der Liebe und bin es leider immer noch hin und wieder. Doch ich sollte bedenken: Ein Kind muss krank werden um Antikörper zu entwickeln, so dass es nicht mehr erkrankt.

Wenn ich mir den Hass in der Weltgeschichte ansehe, dann haben sich zerstörerische Regime und Vereinigungen, oder auch zerstörerische Einzeller, bisher zu guter Letzt immer selbst zerstört, weil sie sich selbst gehasst haben, weil dies das Wesen des Hasses ist. Die Liebe wächst immer weiter, sie liebt die Liebe, sie liebt den Feind, sie liebt sich selbst, sie kann sich nicht zerstören.

Gott ist die Liebe, diese Wahrheit steht in der Bibel zwischen den Zeilen und ebenso an bestimmten Stellen auch offensichtlich. Vielleicht leiden einige der mir lieben Wesen und auch mir fern stehende Wesen, sowie die Verstorbenen, und unter diesem Gedanken leide ich; ich kann nur für sie beten, wie Jesus Christus am Kreuz zum Vater für uns gebetet hat. Da aber Gott die Liebe ist und wenn sie dankbar währen, ihn ebenfalls lieben würden, weil sie durch den unendlichen bergbachklaren zärtlichen Geist und ihr Körper durch die Materie ständig beschenkt sind und erhalten werden, müssten sie nicht leiden. Den ewigen Gott, die unversiegbare Quelle von allem, die unendliche bedingungslose Liebe, in einem ewigen Gedanken aus Dankbarkeit zu lieben macht glücklich. Ich denke ein Mensch schlägt sich so lange selbst, tut also so lange unheilsame Dinge die nichts mit Liebe zu tun haben, wie Hassen, Töten, Misshandeln, Geld zählen und rauben und beherrschen, unnötiges Begehren u.s.w. und leidet unter den jeweiligen Auswirkungen, bis er sich selbst nicht mehr leiden lassen möchte. Nicht Gott lässt uns leiden, wir selbst sind es.

Es erschien ihm ein Engel vom Himmel, der ihn stärkte. Und als er in Angst war, betete er heftiger. (Lukas 22.44)

Gott wäre und ist immer da, sogar in tiefster Not werden wir durch einen Engel vom Himmel gestärkt, sodass wir keine Angst haben müssen, den Angst verwehrt uns so vieles und verursacht nur Leid, so wie es im Buch Hiob geschrieben steht: Wir bekommen das, vor dem wir Angst haben.

Eines der letzten sieben Worte von Jesus Christus am Kreuz war: *Mich dürstet! Es stand da ein Gefäß voll Essig. Sie legten nun einen Schwamm voller Essig um einen Ysob und brachten ihn an seinen Mund. Als nun Jesus den Essig*

genommen hatte, sprach er: Es ist vollbracht (bis zum äußersten)*! Und er neigte den Geist und übergab den Geist.
(Johannes 19.28-30)* Jesus Christus hat nicht im körperlichen Sinne gedürstet, und erst recht nicht nach
Essig, der den Durst nicht stillt, sondern vergrößert,
sondern nach Liebe. Jesus Christus hat immer wieder
das alte Testament herbeigezogen, - dem einzigartigen
Gottesglauben dem er erstammt -, etwa die Psalmen,
die in vielen seinen Aussprüchen zum Ausdruck
kommen. In *Psalm 42* heißt es da eben: *Meine Seele
dürstet nach Gott, nach dem lebendigen Gott: Wann werde ich
kommen und erscheinen vor Gottes Angesicht?* Er könnte
auch gesagt haben: Wann bin ich von seiner grenzenlosen Liebe erfüllt und somit befreit von allem Leid?
Wann werden wir von seiner grenzenlosen Liebe
erfüllt und somit befreit von allem Leid, so dass auch
unser Gesicht entspannt ist und lächeln kann? Wenn
wir es zulassen. So dürstet es in seinem Tod, Jesus
Christus, den Sohn Gottes, nach der Liebe. Er ist
süchtig nach Gott, kann nicht ohne ihn Leben, auch
nicht ohne ihn sterben; wie uns täglich und oft nach
Wasser dürstet, und wir es auch brauchen, weil wir
sonst sterben, genau so dürstet es Jesus Christus nach
Gott. Und Gott ist die Liebe. Denn Jesus Christus
spricht im *Gebot der Liebe*: *Wie der Vater mich geliebt hat,
habe auch ich euch geliebt. Bleibt in meiner Liebe! Wenn ihr
meine Gebote haltet so werdet ihr in meiner Liebe bleiben, wie
ich die Gebote des Vater gehalten habe und in seiner Liebe
bleibe. Dies habe ich zu euch geredet, damit meine Freude in
euch ist und eure Freude völlig wird. Dies ist mein Gebot, dass*

ihr einander liebt, wie ich euch geliebt habe. Größer Liebe hat niemand als die, dass er sein Leben hingibt für seine Freunde ... Dies gebiete ich euch, dass ihr einander liebt! (Johannes 15.9-17)

Größer Liebe hat niemand, als Jesus Christus, der sein Leben für unsere Sünden gab, und wenn wir an ihn glauben, dann sind wir erlöst.

Dieser ist mein auserwählter Sohn, ihn hört! (Lukas 9.35) Dies sagt Gott über Jesus Christus. Und er selbst ist die Manifestation Jesus Christus und er selbst gibt sich für die Menschen hin ohne Widerstand zu leisten, da er weiß, dass Liebe unendlich ist, dass seine Liebe auferstehen wird. Er selbst ist in Gestalt von Jesus Christus die größte Liebe die je auf Erden war und auch immer sein wird und wer an diese Manifestation seiner selbst, denkt, der denkt an die Liebe.

24. Der Psalm 22 und die Bergpredigt

An einem verschneiten stillen Tag, am Ende eines
kalten Januars, denke ich, als ich den Psalm 22 bete,
über seine offensichtliche Beziehung zu Jesus Christus Todesstunde nach.

Es gibt viele exklusive Besonderheiten an dem Wesen
Jesus Christus. Ich glaube niemand wurde so lange
von den Propheten des Gottesvolkes prophezeit und
ist dann auch Erschienen, - indem Gott ein drittel
seiner Energie in Materie gekleidet hat -, mit wahrer
Göttlichkeit, mit Liebe, Lehre, Wundern die Hilfe
und Zeichen zugleich waren, Annahme eines gewalt-
samen Todes, und einer bezeugten Auferstehung von
den Toten, sowie als Symbol dessen, wenn der
Mensch an dieses Symbol denkt und darauf vertraut,
er zwar noch einen leiblichen Tod erfährt, aber dieser
Mensch, dieser Geist, ohne etwas von seinen Sünden
abarbeiten zu müssen, ein ewiges geistig glückseliges
Leben erhält, weil der Gedanke über den Tod Jesus
Christus am Kreuz, über die höchste Form der hin-
gebungsvollen Liebe, das alte böse Ich tötet.
*Jesus sprach zu ihr: Ich bin die Auferstehung und das Leben;
wer an mich glaubt, wird leben, auch wenn er gestorben ist; und
jeder, der da* (dann) *lebt und an mich glaubt, wird nicht
sterben in Ewigkeit. Glaubst du das? Ja, Herr, ich glaube,
dass du der Christus bist, der Sohn Gottes, der in die Welt
kommen soll. (Johannes 11.25-27)* Das ist einmalig in der
Menschheitsgeschichte, und keine andere Religion

besitzt so eine Göttlichkeit, so ein Heil, und somit Anziehungskraft die ohne Unterwerfung erfolgt, in dieser Fülle. Und dieser Religionsstifter verweißt immer wieder auf Gott von dem dies alles kommt, er sagt er ist nur der Mittler.

Vor zweittausend Jahren hat dieser Jesus Christus als er an einen Holzstamm hingenagelt starb, weil er für seine Liebe von den verblendeten Menschen die Todesstrafe erhalten hatte und hingerichtet worden war, ein dreitausend Jahre altes Gebet gebetet, dass von dem größten König aus seinem Volk gedichtet worden war; - er hat es gebetet, damit man ihn als den ersehnten Erlöser erkennt von dem dieser Psalm 22 handelt; - er hat es gebetet, weil er in Not war, weil er im Begriff war zu sterben. Sein Körper war im Begriff zu vergehen, und er dachte vielleicht für einen kurzen Moment, dass auch er somit stirbt, er konnte die Transzendenz des Geistes, der auch ohne Körper weiterexistiert noch nicht gänzlich verstehen, aber trotzdem hat er noch auf etwas Übernatürliches vertraut, auf Gott, weil er ihn ja fragend, flehend, anrief: *Mein Gott, mein Gott, warum hast Du mich verlassen, bist fern von meiner Rettung, den Worten meines Schreiens? (Psalm 22.2),* heißt es im tausend Jahre vorher Gedichteten Psalm. Parallel dazu betete Jesus Christus: *Aber Jesus schrie mit lauter Stimme auf und sagte: Eli, Eli, lema sabachthani? Das heißt: Mein Gott, mein Gott, warum hast du mich verlassen? (Matthäus 27.46)*

Der Psalm 22 erklärt diesen verzweifelten Schrei in den anschließenden Versen folgendermaßen: *Mein Gott, ich rufe bei Tage, und du antwortest nicht, und bei Nacht, und mir wird keine Ruhe. Doch du bist heilig, du thronst als Heiliger, du Lobgesang Israels. Auf dich vertrauten unsere Väter, sie vertrauten, und du rettetest sie. Zu dir schrien sie um Hilfe und wurden gerettet; sie vertrauten auf dich und wurden nicht zuschanden. Ich aber bin ein Wurm und kein Mann, ein Spott der Leute und verachtet vom Volk. (Psalm 22.3-7)* Jesus Christus hat also trotz dieses bekannten Rufes auf Gott vertraut, wenn er auch in der historischen Dimension zuschanden wurde, wie es in den gerade genannten anhängenden Versen deutlich wird.

Zu guter letzt rief Jesus Christus ja mit lauter Stimme, und das bezeugt, dass er ausdrücklich auf Gott vertraute: *„Vater, in deine Hände lege ich meinen Geist. (Lukas 23.46)* Damit sind Gottes Hände gemeint, damit er diesen heiligen Geist als Werkzeug der Liebe verwenden möge. Und vielleicht meint Jesus auch zusätzlich, dass er seinen Geist auch in unsere Hände legt, weil auch wir alle ein Teil Gottes sind.

Es gibt noch mehr Zusammenhänge zwischen dem Psalm und dem Sterben von Jesus Christus.

Im Psalm 22 heißt es auch: *„Er hat es auf den HERRN gewälzt, der rette ihn, befreie ihn, denn er hat ja Gefallen an ihm!" (Psalm 22.9)* Parallel dazu sagen Leute zu Jesus Christus am Kreuz: *Andere hat er gerettet, sich selbst kann er nicht retten. Er ist Israels König, so steige er jetzt vom Kreuz herab, und wir werden an ihn glauben. Er vertraute auf Gott,* *der rette ihn jetzt, wenn er ihn liebt; denn er sagte: Ich bin Gottes Sohn. (Matthäus 27.42-44)*

Weiter heißt es im Psalm 22: *Alle meine Gebeine* (Knochen) *kann ich zählen. Sie schauen und sehen auf mich herab (Psalm 22.18)* Seine eigenen Brüder einige aus seinem Volk, auch aus anderen Völkern, wie auch die höhergestellte Elite, haben gegafft und ihn verspottet und in dieser Situation konnte Jesus Christus, dessen Körper von den Menschen total misshandelt worden war, sicher auch seine Knochen zählen. *Hunde haben mich umgeben, eine Rotte von Übeltätern hat mich umzingelt (Psalm 22) Und das Volk stand und sah zu. Es höhnten aber auch die Obersten und sagten: Andere hat er gerettet. Er rette sich selbst, wenn dieser der Christus Gottes ist, der Auserwählte! Aber auch die Soldaten verspotteten ihn. (Lukas 23.35-37)*

Der Satz aus dem Psalm 22: *Sie haben meine Hände und meine Füße durchgraben* (durchbohrt mit Nägeln) *(Psalm 22.17),* muss wohl, als Beweis dass dieser Psalm ihn meint, nicht extra erklärt werden.

In demselben Psalm heißt es auch: *Sie teilen meine Kleider unter sich, und über mein Gewand werfen sie das los.*

1000 Jahre nach der Dichtung der Psalmverse passierte Folgendes: *Die Soldaten nun nahmen, als sie Jesus Gekreuzigt hatten* (ihm die Hände und Füße durchbohrt hatten), *seine Kleider … Da sprachen sie zueinander: Lasst es uns nicht zerreisen, sondern darum losen, wessen es sein soll! Damit die Schrift erfüllt wurde, die spricht: „Sie haben meine Kleider unter sich verteilt, und über mein Gewand haben sie das los geworfen." Die Soldaten nun, haben dies getan. (Johannes 19.23-24)* Aber Jesus Christus hat dieser Beweis wohl nicht mehr interessiert; was mit seinen Kleidern passiert dürfte ihm wohl egal gewesen sein. Heutzutage würde er, je nach dem in welchem Land er leben würde, anderes hingerichtet werden: etwa mit der Giftspritze, oder erschossen, oder sonst wie.

Am Ende des Psalms 22 heißt es: *Sie werden verkünden seine Gerechtigkeit* (was auch *seine Liebe* heißt) *einem Volk, das noch geboren wird, denn er hat es getan.* In diesem Moment sind die Christen geboren worden.

Jesus Christus sagt parallel zu *denn er hat es getan* folgendes: *Als nun Jesus den Essig genommen hatte, sprach er: Es ist vollbracht! Und er neigte das Haupt und übergab den Geist. (Johannes 19.30)* Eine andere Übersetzung meint auch: *(die Liebe) ist bis zum Äußersten gegangen.* Niemand hat größere Liebe als der, der sein Leben für seine Freunde gibt, alle Schuld auf sich nimmt, und allen vergibt.

Gottes Liebe ist als Menschenkind in dieser Erde erschienen, hat Gottes Liebe zu den Menschen, Tieren, zu seiner gesamten Schöpfung, kund getan, und wer auf diesen Mensch Jesus Christus vertraut, oder an die Liebe – an Gott – selbst, ist für immer erlöst und hat das ewige Leben in Liebe. Mehr wird Gott nicht tun, es ist vollbracht.

Auf dich bin ich geworfen von Mutterschoß er, von meiner Mutter Leib an bist du mein Gott. Sei nicht fern von mir, denn Not ist nahe, denn kein Helfer ist … sie haben ihr Maul gegen mich aufgesperrt, wie ein Löwe, reißend und brüllend.

Wie Wasser bin ich hingeschüttet, und alle meine Gebeine haben sich zertrennt; wie Wachs ist mein Herz geworden, zerschmolzen in meinem Inneren. Meine Kraft ist vertrocknet wie gebrannter Ton, und meine Zunge klebt an meinem Gaumen, und in den Staub des Todes legst du mich … du aber, HERR, sei nicht fern! Meine Stärke, eile mir zu Hilfe! Entreiß dem Schwert mein Leben, mein einziges, der Gewalt des Hundes! Rette mich ..! Du hast mich erhört. Verkündigen will ich deinen Namen meinen Brüdern; inmitten der Versammlung will ich dich loben … Denn er hat nicht verachtet noch verabscheut das Elend des Elenden, noch sein Angesicht vor ihm verborgen; und als er zu ihm schrie, hörte er … Die Sanftmütigen werden essen und satt werden; es werden den HERRN loben, die ihn suchen; leben wird euer Herz für immer. Es werden daran denken und zum HERRN umkehren alle Enden der Erde, und vor dir werden niederfallen alle Geschlechter der Nationen. Denn dem HERRN gehört das Königtum, er herrscht über die Nationen. Es aßen und werfen sich vor ihm nieder alle Fetten der Erde; vor ihm werden niederknien alle, die in den Staub hinabfuhren, und der, der seine Seele nicht am Leben erhielt. Nachkommen werden ihm dienen; man wird vom Herrn erzählen einer Generation, die kommen wird. Sie werden verkünden seine Gerechtigkeit einem Volk, das noch geboren wird, denn er hat es getan. (Aus dem Psalm 22)

Wenn ich mir vorstelle, wie auch ich getötet, hingerichtet, werden könnte, obwohl oder weil ich auf die unendliche bedingungslose Liebe vertraue, so wie Jesus Christus hingerichtet wurde, von den Feinden der Liebe, dann stirbt mein altes selbstsüchtiges Ich in mir, - das noch dies und das will -, weil im Tod der Körper beim besten Willen nichts mehr tun kann, selbst wenn er möchte, und dann ist Platz, der reine unverdeckte Geist kann wieder wahrgenommen werden, man hat mehr Platz zum Atmen, und die Güte im gesamten Leben kann wieder wahrgenommen werden, alles was einen am Leben hält kann wieder wahrgenommen werden; das ist eine Art der Auferstehung.

Wenn ich mir bewusst mache, dass ich ganz sicher sterben werde, - und dies auch nach dem nächsten Atemzug geschehen kann, und es auch ein qualvoller gewaltsamer Tod sein kann -, dann zählt nur ob ich liebe, - ob ich das Unsichtbare, das Klare, im Geist, also Gott, liebe und seine sichtbare Schöpfung, die Mitwesen die ebenso Gott sind, weil er sie irgendwie aus sich heraus entstehen lässt -, dann kann ich voller Zuversicht alles leichter ertragen, aufgrund der Hoffung auf die unendliche Liebe; wenn ich aber Gottes Liebe in mir nicht zulassen würde, dann würde ich trotzdem sterben, wahrscheinlich unruhig aufgrund von Erinnerungen an böse Taten und ihren Auswirkungen und ohne Aussicht auf Vergebung, und weil so mancher seinen Körper nicht loslassen möchte, - von dem er denkt, dieser alleine sei man selbst -, weil er nicht denkt, dass ihn etwas schöneres, die reine Liebe, erwartet. Die Liebe ist unendlich größer als der Tod.

Jesus spricht zu ihr: Ich bin die Auferstehung und das Leben.
Wer an mich glaubt, der wird leben, auch wenn er stirbt; und
wer da (dann) *lebt und glaubt an mich, der wird nimmermehr*
sterben. (Johannes 11.25)

Doch genug von diesen Erklärungen über die Beweise des Psalms 22 für Jesus Christus, die ich selbst nicht wirklich verstehe, sondern nur erahne. Was ich aber ein wenig verstehe ist das Hauptgebot von Jesus Christus und den Juden, welches ich zu meinem eigenen Glück, und dem der anderen, tätigen möchte: *„Du sollst Gott lieben ... Und deinen nächsten wie dich selbst.“* So viel wie Du es im Moment schon vermagst. Ich denke mich zu erinnern wie eine Aussage von dem französischen christlichen Heiligen Frere Roger im aktuellen deutschen Gotteslob der Kirche geschrieben steht: *Auch wenn Du nur wenig von den Evangelien* - von der Bibel - *verstanden hast, lebe dies;* praktiziere es und es wird Dich und andere zum Glück führen; so wertvoll sind diese heiligen Wort, dass wenn man nur wenig von ihnen versteht, dies aber lebt, einen glücklich macht und für immer erlösen wird; so sehe ich das.

Die Eigenschaften die Jesus Christus selbst gelebt hat, und die er gelehrt hat, haben über den Tod seiner Hinrichtung hinaus bestand; für ihn wie für uns. Was er unter anderem gelehrt hat ist die Bergpredigt. In der Bergpredigt heißt es neben anderem: *Selig sind ...* Papst Benedikt der 16. schreibt in seinem Jesus Buch im Kapitel über die Bergpredigt, der *Psalm 1,* den er ebenfalls in diesem Kapitel erwähnt, beginnt bei ihm wie die Bergpredigt mit: *Selig sind ...* Die Elberfelderbibel übersetzt jedoch den Anfang von *Psalm 1* mit: *Glücklich sind ...* Also muss der Sinn von „selig" und „glücklich" ähnlich sein. Und die Bergpredigt könnte ebenso mit „Glücklich sind ..." beginnen. Wir heutzutage wissen kaum noch was das deutsche Wort „selig" bedeutet, es wird selten verwendet. Ich möchte nun also folgenden Teil der Bergpredigt wiedergeben indem ich „selig" mit „glücklich" ersetze. In der Elberfelder Bibel werden diese zwei Begriffe als Ergebnis, als Wirkung, der Umsetzung von Gottes Willen, von seiner Lehre, bei der Bergpredigt von Jesus Christus, sogar zusammengesetzt übersetzt: *Als er aber die Volksmenge sah, stieg er auf den Berg; und als sich gesetzt hatte, traten seine Jünger zu ihm. Und er tat seinen Mund auf, lehrte sie und sprach: Glückselig die Armen im Geist, denn ihrer ist das Reich der Himmel. Glückselig die Trauernden, denn sie werden getröstet werden. Glückselig die Sanftmütigen, denn sie werden das Land erben.* (Sanftmütigkeit ist gleich Gewaltlosigkeit.) *Glückselig die nach der Gerechtigkeit hungern und dürsten, denn sie werden gesättigt werden. Glückselig die Barmherzigen, denn ihnen wird Barmherzigkeit widerfahren. Glückselig die reinen Herzens sind, denn sie werden Gott schauen. Glückselig die Friedensstifter, denn sie werden Söhne Gottes heißen. Glückselig die um der Gerechtigkeit Willen verfolgten, denn ihrer ist das Reich der Himmel. Glückselig seid ihr, wenn sie euch schmähen und verfolgen und alles Böse lügnerisch gegen euch reden werden um meinetwillen. Freut euch und jubelt, denn euer Lohn ist groß in den Himmeln, denn ebenso haben sie die Propheten verfolgt, die vor euch waren. (Matthäus 5.1-12)*

Doch wie ist das Hauptgebot von Jesus Christus, um wie am Anfang des Buches erwähnt, glücklich zu sein? *„Du sollst Gott lieben ... Und deinen nächsten wie dich selbst."*

Also werden Diejenigen glücklich die lieben, glücklich die verschiedenen Aspekte der Liebe üben, eben jene gerade genannte Gewaltlosigkeit, Barmherzigkeit, und die ein reines begierdeloses Herz und einen armen vom Bösen geleerten Geist haben ...

Gott liebt uns, Gott ist die Liebe, dies erkennt jemand, der selbst der Liebe ähnlich wird, das erkennt man daran, weil wir existieren; inmitten von Luft, Licht, Wärme, Wasser, schönen Blumen, inmitten von allem was uns ernährt, sogar inmitten von Dreck, und inmitten von Geist.

Es heißt oft die Liebe gräbt jeden Gedanken aus der in mir selbst Leid verursacht, sie gräbt die schwarze Pflanze mitsamt ihren Wurzeln aus, so dass nichts Schwarzes mehr nachwachsen kann; dies wird in einer Kurzgeschichte von Leo N. Tolstoi gelehrt, sowie von Meister Eckhart und anderen. Warum ist das so? Wenn ich an die Liebe denke ist kein Platz mehr für Hass, oder für die selbstbezogenen Begierden meiner verunreinigten Sinne, meines Fleisches, meines verdorbenen Ichs, sowie für andere unheilsame Gedanken.

Wenn ich an den Mittler Jesus Christus zwischen der Liebe und den Menschen denke, dann denke ich an Jemanden, der rein, der frei von Begierden und Hass, gelebt hat, der Kranke geheilt hat, Tote auferweckt hat, der Nahrung verteilt hat, der Wunder zum Nutzen der Wesen gewirkt hat, der geliebt und keine Gewalt angewendet hat – der also kein Leid verursacht hat, der als er getötet werden sollte, weil der Hass die Liebe hasste, sich nicht gewehrt hat, sich nicht rächen ließ, weil er zerstörerischem Hass nicht mit zerstörerischen Hass erwidern wollte, sondern seinen Mördern während des leiblichen Sterbevorgangs noch vergeben hat, der gesagt hat, dass nicht er wirkt sondern Gott die Liebe in ihm, und so jemand ist die Liebe, und die Liebe wird immer wieder auferstehen, sie kann nicht getötet werden, sie ist unendliche, weil sie niemanden ausschließt, auch nicht sich selbst, das wahre Selbst, das wahre Ich, den unendlichen Gott, den *Ich bin, der ich bin,* den Seienden; der Hass stirbt wenn er sogar sich selbst zerstört hat, die Liebe liebt ihr wahres reines Selbst.

 Der vertrauensvolle Gedanke an Jesus Christus kann also nur Liebe sein.

 Dieser Jesus Christus lebt ewig und hilft in der Allmacht der Liebe, weil er der allmächtige Gott selbst in menschlicher Gestalt war, ist und sein wird, da er alle Wesenheiten von Liebe besitzt, und wer an ihn vertrauensvoll denkt, bei dem ist kein Platz mehr für unheilsame Gedanken, - weil wir nur immer an Eines denken können und nicht an zwei Sachen

148

gleichzeitig -, dieser wird erfüllt von der unendlichen bedingungslosen Liebe die alleine uns glücklich macht.

Jesus Christus am Kreuz ist kaum zu erklären, ich meine, dass er für alle unseren Sünden starb, und sie von uns wegnahm und auf sich nahm: Es war ein Geschenk Gottes, es war Liebe. Man sollte dies Geschenk einfach annehmen. *Christus hat für uns gelitten und uns ein Beispiel gegeben, damit wir ihm folgen auf seinem Weg. Er hat keine Sünde begangen und in seinem Mund war keine Falschheit. Als er geschmäht wurde, schmähte er nicht, sondern überließt seine Sache dem gerechten Richter* (Gott). *Er hat unsere Sünden mit seinem eigenen Leib am Holz des Kreuzes getragen, damit wir tot sind für die Sünden und leben für die Gerechtigkeit* (, für die Liebe). *Durch seine Wunden sind wir geheilt.* Durch seine Wunden sind wir geheilt! *(1.Petrus 2.21-24) Wir haben erkannt, dass der Mensch nicht durch Werke des Gesetzes gerecht wird, sondern nur durch den Glauben an Jesus Christus. (Gal. 2.16)*

Das Vertrauen auf Jesus Christus beendet unsere Gewohnheiten von Taten im Denken, Sprechen und Handeln, die nicht Liebe sind; das Denken an Gottes Sohn hebt Karma auf; und Gott begeleitet uns auf unserem Weg hin zur Liebe in seiner Allmacht, und wenn wir doch wieder einmal in alte Gewohnheiten zurückfallen, dann vergibt er und richtet uns wieder auf, weil er die Liebe ist.

25. Gedanken im März

An einem gewöhnlichen Morgen im März sehe ich, auf meinem Bett sitzend und nach den Psalmen nur noch in Gedanken das „Vater Unser" betend, als die aufsteigende Sonne geradewegs durch das Dachfenster der Küche scheint, wie das klare gold-orange Sonnenlicht wunderschön in einem langsam vor mir in der Luft auf und ab schwebenden, sich drehenden, länglichen Staubkorn reflektiert.

Nach all dem Hören, Lesen, Nachdenken über die Lehre von Jesus Christus und dem Beten befürchte ich, dass ich zwar im Alltag mit einigen Fehlern praktizieren und leben kann, aber nicht in der Reinheit eines Klosters. Möglicherweise wäre für mich ein restliches Leben im Kloster oft ein Kampf mit mir selbst ohne Aussicht auf einen vollständigen Sieg; wahrscheinlich bin ich der allerletzte Laienchrist, der eben nicht so viele Regeln der Liebe erfüllen kann wie ein Ordenschrist; ein Arsch kann ja auch kein Gesicht sein, - aber irgendwie gehört auch dieser zum Körper; so sollte ich einfach zufrieden sein, mit dem was ich bin, aber auch weiter an mir arbeiten. Vielleicht bin ich für den Alltag und die Wesen und Dinge im Alltag geschaffen. Ich mag meine Arbeit, meinen Dienst, mein personelles und materielles Umfeld, meine Freiheit, meine derzeitige materielle und geistige Situation. Ich gehe gerne in die Kirchen zum Gebet und zum Gottesdienst, aber ich bete auch gerne einfach nur nach Impulsen und nicht immer so diszipliniert - nach fest vorgeschrieben Zeiten und so viel - wie im Kloster, dazu bin ich noch zu schwach, dazu fehlt mir noch die Disziplin; und auch sonst habe ich mich selbst zu sehr verdorben, um die vielen richtigen Regeln einhalten zu können, die eine Klostergemeinschaft von seinen Bewohnern vernünftigerweise fordert um das Herz unbefleckt zu erhalten oder um es zu säubern. Ich befürchte ich habe die Berufung zum Mönch nicht.

Mit Gottes Hilfe habe ich mir nun auch etwas aufgebaut, so dass ich anderen nicht zur Last falle und sie nicht mehr allzu sehr durch mich leiden. Wenn ich im Kloster nicht bestehen würde, würde ich wieder bei Null anfangen, so wie schon zwei, drei Mal in früheren Lebensabschnitten immer wieder alles unkontrolliert weggeworfen habe; diese Situationen in bisherigen Stationen waren nicht schön für meine Angehörigen und Bekannten, trotzdem haben sie mich dahin gebracht wo ich jetzt bin, - und diese Situation ist mit die schönste in meinem ganzen bisherigen Leben. Ich fühle mich nun zu alt dafür, um mir erneut mühsam mein Notwendigstes aufzubauen. So wie es zur Zeit bereits ist, ist es gut, da kann ich weiter darauf aufbauen und anderen etwas beistehen, ohne ständig zu kämpfen um im Kloster zu bestehen, obwohl ich nicht so weit bin; jemand der nur einfache aber vielleicht schöne blusige Popmusik spielen kann, kann ja auch nicht in einem klassischen Orchester mitspielen, da müsste er sich ziemlich abmühen um mitzukommen. Ich bin einfach noch nicht so weit. Ich mag mich noch weiter entwickeln, jedoch ohne dem Druck, so vieles was ganz reine Liebe ist zu erfüllen, was ich noch nicht in einem stabilen Zustand beständig erfüllen kann.

Doch ich bemühe mich weiter um zu Gott „ja" zu sagen, zu dem Gebet aus seinem Herzen und zu seinem einfachen Atmen in ihm ohne etwas zu tun, zur Entsagung und zu seiner unendliche bedingungslose Liebe. Vieles ist schon besser geworden, ich fühle mich immer wohler. Vielleicht sollte ich einfach nur nicht aufgeben, und mein Ideal, mein Ziel weiterhin wenigstens anstreben. Wenn ich ab und an Ringen muss, um weiter zu kommen, dann ist es halt so, und wenn ich verliere dann ist es trotzdem gut, weil ich Gott, weil ich Jesus Christus, und seine Vergebung kenne.

Wer auf sein Denken achtet und richtig denkt, im Sinne der Lehre, im Sinne von Entsagung und dem Glauben an Gottes Liebe, der kann die Verblendungen, das Leid, schritt für schritt abschwächen und schließlich überwinden. Versuchungen treten wahrscheinlich bei den meisten Menschen, egal wo, immer wieder auf, weil wir in einer doch recht fleischlichsinnlich gesinnten Welt leben, und diese auf uns abfärbt. Oft erkenne ich noch meine unheilsamen Gedanken, die immer mal wieder aus der tiefe meines Bewusstseins, wo alles bisher Angesammelte ruht, nach oben gelangen. Im beständigen Gebet des

„Vater Unser", in einem Gebet indem man sich auf Jesus Christus konzentriert sowie - soweit es möglich ist - auf jedes Wort des Gebetes, - und sich bemüht es umzusetzen -, und in einem fortwährenden Gebet, indem man nicht wünscht dass es schnell beendigt ist um dann wieder anderen Sachen nachzugehen, gelangt man, wenigstens vorübergehend, irgendwann an den Punkt, dass der Geist leer ist von allen Wünschen und Begierden, sowie von Schuldgefühlen und vom Hass, und an dem man erkennt, wie der eigene Körper sterblich ist, und dass man auch jeden Moment sterben kann. Es bleibt dann nur auf Jesus Christus, oder auf Gott selbst zu vertrauen, auf seinen Atem zu achten, zu lieben, in einem ewigen harmonischen Zustand des Geistes in einem harmonischen Zustand des vergänglichen Körpers. Gott liebt auch den unvollkommenen Menschen.

Es gibt tolle Menschen, die können praktisch helfen, indem sie viel Wissen und Verständnis von allen möglichen Lebensbereichen haben, oder indem sie Computer reparieren können, und es gibt solche die einfach nur Unterhalten können, weil sie fantastisch Klavier spielen - manche auch sehr lange auf einem Körper, und wiederum andere können viel geben.
Ich kann ansatzweise nur Da-Sein, - weil ich ein wenig geistbegabt bin -, indem ich auf die Liebe achte und atme und schweige und hin und wieder tue ich dann eventuell das jeweils Richtige; und ein wenig Kuchen backen kann ich auch.

26. J. und nicht ich

Gestern habe ich J. wieder sehen dürfen. Sie war lange nicht da gewesen. Wir haben uns unterhalten. Sie hat gesagt wo sie war und auch andere Dinge. Ich habe gesagt, dass ich sie vermisst habe, jeden Tag habe ich kurz an sie und ihre Tochter gedacht. Ich denke sie hat nicht verstanden, was dies bedeutet oder aber es war ihr egal. Sie ließ sich umarmen, aber die Umarmung war nicht so herzlich, sie hat mir noch nicht vertraut; später sind die Umarmungen ihrerseits dann freundlicher geworden.

Ich finde sie wirklich ausgesprochen schön. Und an dieser von Gott geschaffen Schönheit sollte ich mich freuen, solange sie noch da ist, sonst wäre es undankbar gegenüber dem allmächtigen Schöpfergott der sie aus Liebe für uns gemacht hat.

Damit ich vor lauter Begehren nicht Dinge tue, die J. nerven, überlege ich mir Folgendes: Warum soll man sich wegen einer schönen Frau, die man sehr mag, sie einen anscheinend aber nicht so sehr, verrückt machen?! Man sollte sie innerlich loslassen, und man soll sie innerlich lieben, indem man auch für sie betet, irgendein Gedanke davon wird ihr schon irgendwie zugute kommen.

Wenn man nicht bekommt was man will, dann oft deshalb weil Gott etwas passenderes, noch schöneres für einen möchte. Alles vorangegangene war dann die dafür nötige Vorarbeit, eine Schulung, ein Üben.

154

27. Mein christliches Ich in einem christlichen Kindergarten

In der Mittagsbetreuung, in der ich mit wechselnden Kolleginnen die fünf – und sechsjährigen Kinder aus allen drei Gruppen betreue, während die drei – und vierjährigen schlafen, habe ich irgendwann angefangen, um die Kinder zu sammeln, zum Beginn dieser Zeit, ein Lied mit ihnen zu Singen. Jeden Monat ist es ein anderes bekanntes Kinderlied, welches wir jeden Tag ein paar Mal hintereinander singen, um es auswendig zu lernen; die Lieder sollen beständig und bekannt sein, da die Kinder sich so später an den Text und die Melodie erinnern können; manche Texte sind beinahe Gebete. Eines Tages dachte ich mir, dass die Kinder doch auf diese Weise auch das „Vater Unser" lernen könnten. Nachdem sie es nun gelernt haben, sollen sie es nicht nur können, sondern auch anwenden. So singen wir zuerst ein Kinderlied, dann beten wir, wenn wir bei schönem Wetter diese Zeit im Garten verbringen im stehen unter einem Apfelbaum, und dann spielen die Kinder frei. Spiritualität darf den Kinder niemals vorenthalten werden, vor allem nicht in einem christlichen Kindergarten, doch die Annahme dessen soll freiwillig stattfinden. Ich zwinge kein Kind zu beten, aber alle sollen wenigstens ruhig sein und respektieren wenn auch nur ich bete; am Anfang war das auch so, doch mittlerweile beten fast alle dreißig Kinder mit.

ıch habe auch schon mit nur drei Kindern gebetet; bei einem Mädchen, K., habe ich dabei, während ich auf einem weißen Plastikstuhl saß und sie neben mir stand, ihre gefalteten Hände in den meinen gehalten; hätte ich gespürt das es ihr unangenehm ist, hätte ich sie gelassen; doch sie und die zwei anderen Mädchen direkt vor uns auf einer Holzbank haben mitgebetet und über diese Worte, die da aus ihrem Mund kamen und die sie in ihrem Geist bewegten, haben sie vor staunen große Augen bekommen, die irgendwie geleert, frei, aussahen; und ich habe gemerkt, dass ich einen Teil von Jesus Christus in meinen Händen halte.

Manchmal wenn wir bei schlechtem Wetter während der Mittagsbetreuung im Raum sind, lese ich auch aus der Kinderbibel vor, während die Kinder vor mir auf einer Bank sitzen, zum Beispiel wie jetzt an Ostern. Damian hat daraufhin drei Kreuze aus Bausteinen gebaut und mit ihnen gespielt. Die drei Kreuze bei der Kreuzigung aus der illustrierten Kinderbibel musste er verarbeiten.

Ein Jahr später sollte diese Zeit auch schon wieder vorbei sein. Ich sollte dann andere Aufgaben bekommen haben, mit den Hortschulkindern arbeiten, und mich bei diesen wiederum leiten lassen, wie ich die Worte der Bibel, und das Gebet, diesen Kindern zukommen lassen kann.

28. Weisheit?

Ich bin oft allein. Und keine hübsche Frau liebt mich wirklich, so dass sie mich wollen und etwas mehr Zeit mit mir verbringen würde, wenn ich sie anspreche. Nur Gott liebt mich, und nur auf ihn ist verlass; möge er mich, und die die ich Liebe, - trotz unserer begangenen Sünden -, in einem einsamen Tod liebend begleiten und aufnehmen, darum bitte ich den ewigen Geist, Gott, darum bitte ich den einzigen Gott, den Schöpfer von allem. *Siehe es kommt die Stunde, dass ihr ... mich allein lassen werdet; doch ich bin nicht allein, denn der Vater* (Gott) *ist bei mir. (Johannes 16.32)*

Wir alle, ob allein oder zusammen, sind Jesus Christus, sind Gott, sind allen Mutter und Vater, wir alle werden in dieser Welt hingerichtet wie Jesus Christus, weil wir lieben, von denen die nicht lieben, wir alle sterben und werden auferstehen.

Kommt her, Gesegnete meines Vaters, erbt das Reich, das euch bereitet ist von Grundlegung der Welt an! Denn mich hungerte, und ihr gabt mir zu essen; mich dürstete, und ihr gabt mir zu trinken; ich war Fremdling, und ihr nahmt mich auf; ich war nackt, und ihr bekleidet mich; ich war krank, und ihr besuchtet mich; ich war im Gefängnis, und ihr kamt zu mir. Dann werden die Gerechten ihm antworten und sagen: Herr, wann sahen wir dich hungrig und speisten dich? Oder durstig und gaben dir zu trinken? (Wer gut ist denkt er ist ein Sünder, und wer ein Sünder ist denkt er ist gut) ... *Und der König* (Jesus Christus) *wird sagen: Wahrlich, ich sage euch, was ihr einem dieser meiner geringsten Brüder getan habt, habt ihr mir getan. (Matthäus 25.34-40)* Und die Bedeutung des Brotbrechens von Jesus Christus beim letzten Abendmahl ist unter anderem, dass wir alle ein Teil des einen Leibes sind, wir alle sind zusammen das eine Ganze und niemand existiert für sich allein, da alles miteinander verbunden ist. *Und er nahm Brot, dankte, brach* (es in Stücke) *und gab es ihnen und sprach: Dies ist mein Leib, der für euch gegeben wird. Dies tut zu meinem Gedächtnis! (Lukas 22.19)* Jesus Christus - Gottes frohe Botschaft, Gottes gesprochenes Wort und Heilmittel, ist Gott, und wir alle sind ein Teil von ihm.

Natürlich sagt er auch wir sollen an seine Liebe denken. *Dies tut zu meinem Gedächtnis!* Es reicht auf ihn, weil er eine Erscheinungsform Gottes ist, oder direkt auf Gott, zu vertrauen.

Alles ist wie ein Fluss, es ist unsinnig, wenn bei dieser Erkenntnis das Ich sagt, irgendetwas oder irgendjemand sei mein Wasser; in etwa: das ist deins und das ist meins; an welcher Stelle des Flusswassers sollte man so etwas sagen können? Und es kommt zudem immer neues Wasser nach. Warum sollte man dann Wasser festhalten wollen?

Die eigenen Vergnügungen loslassen, das Ich loslassen, alles loslassen, dadurch rein lieben können, und sich dadurch innerlich freuen können. Loslassen …

Als ich vor einigen Jahren begann Christ zu werden, hatte ich einen Traum. Mitten in der Nacht schreckte ich deshalb mit einem zutiefst erschrockenen, ängstlichen, flehenden Schrei aus dem Schlaf. Ich hatte eine furchteinflößende Gestalt gesehen, die direkt greifbar vor meinem Gesicht zu sein schien; ihre Haut war tiefschwarz, rau und wirkte verbrannt, sie hatte kaputte spitze schwarze Zähne, tote trübe und gleichzeitig bösartig flackernde Augen, und ein teuflisches hämisches Grinsen. Für einen kurzen Moment war ich erleichtert, als ich aufwachte und realisierte, dass ich geträumt hatte. Doch der Traum hatte sich so wirklich angefühlt, als gäbe es diese monströse Kreatur tatsächlich, in der riesigen Dimension, wie ich sie hautnah wahrgenommen hatte, und deshalb empfand ich eine bis in die Knochen reichende Angst … Im darauf folgenden Moment sah ich, als ich die Augen schloss um nicht mehr zu sehen, vor meinem inneren Auge eine Darstellung von Jesus Christus in einem angenehmen, besänftigenden Licht, der mir aufmunternd und liebevoll zulächelte. Und gleichzeitig begriff ich: wovor ich Angst hatte, das war, dass ich dieses Monster bin, welches aus meinem gesamten egoistischen Wollen, meinen Begierden, Vergnügungen, falschen Vorstellungen, meinem Hass, meiner Unwissenheit und Ignoranz, und aus meinem Unglauben besteht. Und des weiteren verstand ich, wenn ich alle diese Gedanken durch den Glauben und den einen beständigen Gedanken an Jesus Christus ersetze und dadurch wirklich alles loslasse, ich dann kein Monster mehr bin; in diesem Moment durchströmte meinen Geist für kurze Zeit ein Licht.

Beklommen betete ich noch das Gebet, das Jesus Christus als Einziges seinen Schülern und Freunden gelehrt hat, das „Vater Unser", und verstand zum ersten Mal einen bedeutenden Aspekt der Stelle: *dein Wille geschehe.* Ein Wille Gottes ist es, dass, wenn wir an Jesus Christus glauben, wir das ewige Leben und Erlösung vom eigenen bösen Ich, von einem verblendeten Eigenwillen, haben. *„Denn das ist der Wille meines Vaters, dass, wer den Sohn sieht und glaubt an ihn, das ewige Leben habe." (Johannes 6.40)*

Natürlich gelingt es mir nicht immer meine Gedanken bei Jesus Christus zu halten, ihn zu lieben, und somit ihn in jedem Wesen und in allem, in Gott der alles ist, dann wäre ich ein besonderer Heiliger, aber das bin ich nicht, doch hin und wieder wird mir die Gottesliebe eingeschöpft, so dass die Gottesliebe in mir genährt wird, und somit weiter wachsen kann.

Ich fühle, vielleicht in einer transzendenten Weisheit, folgendes: Ich glaube daran, dass alle Momente der Liebe, der Zuneigung und Zärtlichkeit zwischen mir und anderen Menschen sowie anderen Wesen, die ich bisher hier auf Erden erfahren habe, erfahre, und noch erfahren werde, für immer in Gott aufgehoben sind, weil sie von Gott kommen, der die Liebe und das Gute ist; wenn sie also von der Liebe kommen, von ihr gemacht sind, dann bestehen sie auch weiterhin, da die Liebe immer das Glück sucht und würden alle diese Momente für immer verloren sein, und wir unter diesem Verlust leiden, dann wäre das gegen Gottes Allmacht in seiner unendliche bedingungslose Liebe. Ich werde die ich liebe, möglicherweise ohne Körper in einer anderen Gestalt, wieder sehen dürfen, und die Liebe wird erneut, unvergänglich, zwischen uns fließen.

Deshalb darf ich all meine Sorgen um mir irgendwie Nahestehende auf den liebenden Willen des einen und einzigen allmächtigen Gottes werfen, weil er nur das Beste für uns will; manche wollen aber erst in das Tal hinab und dann erst auf den Berg gelangen; diese müssen den Umweg dann selbst verantworten.

Und ebenso zerschmettere ich alle meine inneren Feinde die nichts mit der Liebe zu tun haben an dem Gedanken an seinen Sohn und Mittler zwischen der Liebe und den Menschen auf Erden, an Jesus Christus, an dem Gedanken, der so unendlich mehr beglückend ist als jeder weltliche materielle, fleischliche Gedanke, ich zerschmettere sie an dem Gedanken an Gott, an dem Gedanken an die eine unendliche bedingungslosen Liebe.

Böse Gedanken, die sich in unser Herz einschleichen, sofort an Christus zerschmettern ... (Benediktsregel 4.50)

... Vernimm, o Gott, mein Beten; verbirg dich nicht vor meinem Flehen! ... Gewalttätige und Betrüger erreichen nicht die Mitte ihres Lebens (die Mitte im eigenen Geist). *Ich aber setze mein Vertrauen auf dich. Wirf deine Sorge auf Gott, er hält dich aufrecht! Er lässt den Gerechten niemals wanken. (Psalm 55)*

29. So geht das Leben dahin

An einem Samstag im Mai bin ich früh aufgestanden und habe die Psalmen gebetet. Ich finde es immer wieder etwas erschreckend wie nach dem Aufwachen die Gedanken sofort anfangen dahin und dorthin zu laufen, dies und jenes zu wollen, sie kommen und gehen und bestehen bei mir fast nur aus weltlichen Inhalten. Ich denke nach dem Aufwachen ist mein Geist noch ein wenig verschlafen und hat nicht die Kraft, sich gegen diese Gedanken zu wehren. Da ich mich jedoch recht bald dem Gebet zuwende, diesen einen richtigen Gedanken kann ich - Gott sei Dank - doch denken, verschwinden durch das Gebet die meisten weltlichen Gedanken und mein Geist ist wieder frei, es herrscht das Sein Gottes; und letzten Endes reicht auch nur der Gedanke an Gott um wieder befreit und da zu sein.

 In diesen Tagen habe ich außer der Arbeit an den Werktagen nicht sehr viel vor. In den letzten Wochen habe ich verstärkt Menschen besucht, und so drängt mich das Leben heute auch in dieser Beziehung nicht, - ich bin vorerst gesättigt. Deshalb bleibe ich nach den Psalmen der Laudes noch sitzen und bete im Stillen das „Vater Unser" mit Wiederholungen, ohne Zeitdruck. Plötzlich fliegen zwei Tauben herbei und setzen sich auf das metallene Fensterbrett. Sie laufen darauf herum, singen ihren gegurrten Ton, sehen mit ihren runden Augen durch die Scheibe und eine klopft mit dem Schnabel auch an diese. Ich denke, das Leben, Gott, bereitet einem immer wieder schöne Erlebnisse, innerlich wie auch äußerlich.

Nun ist Sommer. Ich bin immer noch kein Mönch, was heißt Edelmensch, und ich habe immer noch keine Freundin, und trotzdem ist alles gut für mich. Ich bin zufrieden. Der christliche Glaube und auch die gesamte Kirche aller Konfessionen und wahren Religionen, was Gemeinschaft der Gläubigen bedeutet, ein paar Freunde und meine Familie, sowie mein eigenes Zutun und vor allem das Tun Gottes, haben mich wieder fast gänzlich gesund gemacht. Ich bin annähernd ein normaler einfacher Mensch.

Der Himmel ist strahlend blau, die Wohnung ist geputzt, die Wäsche läuft in der surrenden Waschmaschine, alle Fenster sind an diesem Morgen Anfang Juli geöffnet, ich habe Urlaub, und danach eine manchmal anstrengende aber sinnvolle und freudvolle Arbeit, meinem Umfeld geht es soweit gut, weil sich letztendlich doch jeder entwickelt, und ich muss mich allgemein wenig Sorgen, weil ich Vertrauen in Gott habe; wenn ich doch einmal eine liebevolle Sorge habe, bete ich für diese oder jene Person zu Gott; er wird das tun, wann und wie es am besten für eine Person ist.

Ein Kind scheppert mit Dosen, danach spielt es ein paar vibrierend metallene helle Töne auf einer Mundharmonika. Die Luft ist klar, heute wird ein heißer Tag. Manchmal ist es wirklich herrlich, das Leben.

Nach vielen Überlegungen und einigen Gesprächen mit Dominikanern, von denen manche gut und manche weniger zufrieden stellend verliefen, habe ich unerwartet mit Pater Paul von den Augsburger Dominikanern ein Gespräch führen dürfen. Er hat mir angeboten ein erwachsener Ministrant bei ihnen zu sein; darüber habe ich mich sehr gefreut, ich bin gerne in Klöstern und möchte schon lange einen Dienst, neben dem Kindergarten, für Gott übernehmen, und sei es, dass ich auch nur bei den Gottesdiensten helfe, bei denen ich immerhin die Lesung und die Fürbitten lesen darf.

Das Ziel der spirituellen Reise ist die Liebe, der Weg ist das Ziel.
 Wenn man das ein oder andere mal in der Einsamkeit einseitig liebt, tut das auch mal weh, aber man kann nichts daran ändern, nichts erzwingen. Man muss was geschieht gleichmütig, aber nicht gleichgültig, akzeptieren.
 An einem Morgen im Juli wird mir, noch im Bett liegend, bewusst, dass es nur um Liebe geht, wollen wir unsere Lieben und den Planeten, auf dem wir leben und von dem wir abhängig sind, schützen. Wir sind gerade in etwa sieben Milliarden Menschen, wertvolle „Organismen“, die von einem großen Organismus, der Erde, abhängig sind. Ich stelle mir vor, wie wir sieben Milliarden „Organismen“ mit Liebe oder mit Hass gefüllt werden können; ich stelle mir vor, wie wir dann handeln, wenn entweder die

Liebe in der Mehrzahl von uns überhand nimmt, oder der Hass überhand nimmt, wenn entweder immer mehr Menschen Licht werden, oder Dunkel; die Erde wird dann entweder geschützt oder zerstört. Obwohl wir voneinander abhängig sind, ist jeder für sein eigenes Gefäß durch seine freien Entscheidungen selbst verantwortlich. Wird es mehr Liebe, mehr Licht, oder mehr Hass, mehr Dunkelheit geben? Wie ist mein, wie ist Dein, Beitrag zur Welt und ihren Kindern? Mir ist mittlerweile egal, wer was ist, wer was behauptet zu sein, welcher Religion er angehören mag, oder ob er auch keiner angehören mag, welcher Szene, oder welcher ideologischen Vereinigung er angehören mag, welcher Rasse oder welchem Land er angehören mag, oder auch welchem Geschlecht; wenn er die Liebe nicht hat, wenn er sich nicht wenigstens bemüht irgendwie zu lieben, hat er nichts begriffen und ist dumm.

Heute Vormittag in der Messe vor der Arbeit, an einem Freitag, mit gefühlten zwölf Gästen im Chorraum meiner Pfarreikirche St. Ulrich und Afra, habe ich auf das Kreuz an der Seitenwand gesehen, welches von einem milden weißen Sommerlicht angestrahlt wurde. Jesus Christus stirbt in Deutschland möglicherweise gerade, wegen dem Götzen Reichtum und Luxus und wegen der allgemeinen Ungläubigkeit.

Die Kreuzigung von Jesus Christus ist Liebe. Das Kreuz Christi bedeutet für mich unter anderem, das Jesus Christus, der geliebt hat, aufgrund seiner Liebe von einer kranken hasserfüllten Welt getötet wurde;

der denen die ihn hingerichtet haben, aber dennoch vergeben hat, weil er wusste, wie Hass und Gewalt, wieder Hass und Gewalt erzeugen, also Leiden, wenn nicht einer kommt und diese Spirale durch Vergebung durchbricht. In der Vergebung liegt die Erlösung von allem Leid. In seinem einzigen gelehrten Gebet, dem „Vater Unser", hat Jesus Christus aufgezeigt, wie uns das höchste Wesen - von dem wir abhängig sind - vergibt, so wie wir durch eben jenes Wesen vergeben können. Und bei seiner Tötung bittet Jesus Christus als lebendes Beispiel die höchste Liebe selbst um Vergebung für diejenigen die ihm, eben jener Liebe, aus Unglauben Leid antun.

 Das Kreuz bedeutet, Gott nimmt alle unsere Schuld auf sich und vergibt uns und schenkt uns ewiges Leben. Wir sollten dabei nur wenigstens etwas auf die Liebe vertrauen und ihr dankbar sein.

 Und vielleicht hat jeder von uns ein – eventuell selbstverschuldetes – Kreuz zu tragen, - an dem wir selber leiden und wo wir anderen vergeben müssen -, bis Gott es von uns nimmt, bis wir uns ihm zuwenden.

Mittlerweile habe ich J. innerlich ein wenig losgelassen; es fiel schwer, aber nicht so sehr wie früher, bei anderen Frauen, als ich noch keinen Weg gegangen bin. Seitdem hat sie mich ein paar Mal angelächelt und manches Mal nicht.

 Doch an einem der letzten Tage im Juli durfte ich J. innerhalb eines für mich besonderem Moment sehen.

Ich hatte ihre Tochter kurz mit in den Hort genommen, weil ich noch den Strom abschalten musste und abzusperren hatte und sie nicht alleine im Garten lassen wollte. Dabei habe ich J. durch das Fenster gesehen und sie hochgerufen, während ihre Tochter in der Puppenecke spielte. Julia hatte einen Fleck auf ihrem weißen seidenen Oberteil und ich habe ihr einen frischen nassen Lappen gegeben. Sie hat mir zum ersten mal lächelnd einige Sachen von sich und ihrer Tochter erzählt und ich habe sie teilweise mit Tränen in den Augen und einer Regung im Herzen lange und fest angesehen, weil ich sie so wunderhübsch fand. Ich selbst habe nicht viel gesagt. Ich durfte sie ansehen und sie war nett zu mir. Einmal habe ich kurz wie ein Roboter getanzt, weil ihre Tochter im Ballet gerade den Hip-Hop-Robotertanz lernt und ihn mir gezeigt hat. J. hat dabei gelacht. L. hat dann gesagt, sie möchte hierbleiben. Für diese paar Minuten bin ich Gott unter anderem dankbar.

Wenn ich sie sehe, sollte ich sie durch den Gedanken an Gott, durch sein sanftes Sein, seine Präsenz und Gegenwart, lieben und ihre Güte auch annehmen. Ich weiß nicht ob sie eine Beziehung mit mir möchte, aber letztendlich ist es nicht von Bedeutung; ich kann nichts an Gottes Willen ändern, und möchte es auch nicht mehr. Ich werde annehmen, was er mir zu meinem und zum Wohl der anderen gewährt, oder auch nicht gewahrt.

Nun ist Herbst und es ist genau ein Jahr vergangen seit ich sie lieb gewonnen habe, obwohl ich es ja nicht wollte. Sie hat mich Anfangs ja nicht interessiert, bis sie mich einmal kurz angesprochen hatte. Nun wird sie bald umziehen. Mit der Zeit wird ihr Bild in mir verblassen, weil sie trotz einiger Bemühungen meinerseits bisher keine konkreten Signale sendet, dass sie den Kontakt aufrechterhalten möchte. Doch vielleicht möchte sie das auch; ich weiß es nicht. Ich werde sie jedenfalls nicht bedrängen. Zuletzt haben wir uns öfters noch gesehen, und manches Mal hat sie mich liebevoll angesehen, und manches Mal so, als wolle sie nicht mit mir zusammen sein. Alles was ich über dieses Thema denke ist Spekulation, und wenn ich mir etwas denke, wie „sie mag mich nicht", kann ich zu einem „sich selbst erfüllenden Propheten" werden, der die Situation mit seinen Gedanken beeinflusst und der Realität keine Chance gibt. Es kann jedoch auch sein, dass sie mich wirklich nicht mag und möglicherweise sehe ich sie nie mehr wieder, es kann jedoch auch sein, dass sie mich dann ganz sympathisch gefunden hat. Aber sollte sie wirklich keinen Kontakt wollen, mir nicht entgegenkommen, dann werde ich mir denken: Dann halt nicht! Ich habe wirklich viel versucht um ihr meine aufrichtige Zuneigung zu zeigen. Letztendlich ist es egal, ich werde die Situation nicht bewerten. Alles vergeht, alles wandelt sich, nur nicht der reine ursprüngliche ewige Geist.

Gott sei Dank habe ich ihr bisher oft meine Zuneigung gezeigt, denn nun ist es wahrscheinlich zu spät dafür.

Als sie sich dann vom Kindergarten verabschiedet haben, haben wir irgendetwas geredet, doch wichtiger war ihr Blick, als hätte sie mich in diesem Moment wirklich geliebt. Ich habe ihre Tochter hochgehoben und ihnen zum Abschied etwas Selbstgemachtes geschenkt, und L. hat es an ihr Herz gedrückt.

Einige Wochen später, um Weihnachten, habe ich sie eines Tages plötzlich losgelassen, und seitdem kann ich unbefangen an sie denken. Was daraus wird, weiß ich nicht, und irgendwie ist es auch egal, Hauptsache wir hegen noch Sympathie füreinander; ich schreibe Sympathie, denn ich vermute, dass wir immerhin das füreinander empfinden.

Ich erkenne, dass noch ein manchmal größeres und manchmal geringes Verlangen nach Frauen in mir ist, und ich erkenne, dass ich es nicht so schnell überwinden werde, und ich erkenne, dass ich dies akzeptieren muss, und ich erkenne zudem, dass ich auf dieser Erde alleine bin und nur Gott wirklich für mich da ist, und ich erkenne, dass ich den Widerspruch zwischen dem Verlangen nach Frauen und die Nicht-Erfüllung dieses noch nicht überwundenen Wunsches akzeptieren muss, wenn ich auch in meiner Unvollkommenheit schon etwas Frieden möchte; ich kann nicht scheinheilig so tun, als wären einige Gedanken in mir nicht da: ich würde dann mich selbst und andere belügen und das würde den Frieden noch mehr stören.

 Was mir bleibt und was mich rettet ist der Gedanke an Jesus Christus, an sein auferstandenes Wesen, an seine Sanftheit in der Mitte. In dem Wort Auferstehung steckt das Wort stehen; was auch bedeutet: stehen bleiben im Moment und nicht jedem Gedankengang lange unkontrolliert zu folgen, und einen Gedanken davon dann umzusetzen, und somit unfrei durch Zwänge zu sein; der Moment an einem klaren sonnigen Tag und ein vertrauensvoller klarer reiner Geisteszustand reichen um glücklich zu sein.

In diesen Tagen habe ich mir vorgenommen wieder verstärkt zu den Benediktinern zum gemeinsamen Gebet zu gehen. Sie sind mir ans Herz gewachsen, ich habe sie etwas vermisst, und sie heißen mich sicher wieder in ihrer demütigen Art willkommen. Die bei ihnen abwesende Zeit wollte ich auch noch in die zweite männliche Ordensgemeinschaft in Augsburg hineinschnuppern, ob dieser Orden besser für mich geeignet wäre; - als ob überhaupt einer für mich so leicht verführbaren Sohn geeignet sei. Aber für solche undisziplinierten Fälle gibt es ja auch den Weg solcher Laiengläubigen, die nicht ganz das Zeug zu einem authentischen Mönch haben, aber den Weg soweit sie ihn sehen, mitgehen wollen, weil sie bemerken, dass es für sie in den gefährlichen Sümpfen nichts zu holen gibt. Mit diesem letzten Satz werden die sogenannten Laiengläubigen von mir nicht abgewertet.

Ein Laienchrist ist heutzutage in Deutschland trotz aller Schwächen etwas Besonderes.

Die weißen Dominikaner sind mir vom Gefühl mittlerweile genauso nahe wie die Schwarzen. Das ministrieren bei erstgenannten fordert von mir Konsequenz im Lebensstil ab und bereitet mir somit auch viel Freude; und auch die gelegentliche Einladung zum gemeinsame Mittagessen danach mit der kleinen Klostergemeinschaft freuen mich sehr. Sogar meine Mutter besucht nun hin und wieder die Gottesdienste, wenn ich ministriere; sie weiß nun wohl deren Wert ein wenig zu schätzen.

Authentische Christen mag ich einfach gerne: Klostergemeinschaften sind sanfte Rebellen, Orte des Wiederstandes gegen das Böse. Und durch diese Kontakte, durch das Lernen von Menschen die den Weg wirklich gehen, und durch den daraus resultierenden Wachstum, bin ich auch in der Arbeit gelassener, friedlicher, achtsamer und ein wenig liebevoller, weil ich immer weniger stolpere, und weil ich mich vorallem immer mehr von Gott geliebt weiß.

Kurz darauf, am Sonntag von Allerseelen, nach dem Ministrieren, hat Pater Mirko, der statt Pater Paul die Zehn Uhr Messe gehalten hat, mit einem lächeln wiederholt, was er vor der Messe schon zu mit gesagt hat: „Simon! Also, zuerst einen Tanzkurs machen und dann eine Freundin suchen … Du musst wieder zurück in das Leben integriert werden … Und lauf nicht oft so gebückt und schau nicht so traurig und verzweifelt, so mag Dich keine Frau … Nimm nicht alles so ernst!" Das mit der Freundin wiederholt er in verschiedenen Variationen bis jetzt zum Spaß immer wieder.

Ein paar Wochen später hat er mich gefragt, nachdem ich gesagt hatte, dass ich im Kindergarten arbeite: „Betest Du auch mit den Kindern?" Ich habe „ja" gesagt. „Wachet und betet!", hat Jesus Christus gesagt; „wachen" bedeutet, seid achtsam und achtet auch auf das Essentielle, den Odem, den Atem des Lebens, - der einen erfrischt -, wie es in der Bibel heißt.

Ich denke noch einmal über seine erste Aussage nach. Vielleicht bin ich in diesem Leben, wirklich nicht zum Mönch bestimmt; das haben mir bereits zwei erfahrene Leute gesagt. Und doch vermutet er angeblich auch eine mögliche Berufung in mir: Ist es im Moment die Arbeit mit Kindern und was wird noch kommen?

Ich werde voller Vertrauen wachend warten auf Gott in mir und was er mir schenkt, auch wenn es Leiden sein sollte, das vielleicht auch dem Wachstum dient, ich werde warten was passiert bis zum Tod, und darüber hinaus.

Wenn nicht der Herr das Haus baut, müht sich jeder umsonst, der daran baut. Wenn nicht der Herr die Stadt bewacht, wacht der Wächter umsonst. Es ist umsonst, dass ihr früh aufsteht und euch spät erst niedersetzt, um das Brot der Mühsal zu essen, denn der Herr gibt es den Seinen im Schlaf … (Psalm 127)

*Vertrauen: Nur für heute werde ich fest daran glauben –
selbst wenn die Umstände das Gegenteil zeigen sollten -, dass
die gütige Vorsehung Gottes sich um mich kümmert, als gäbe
es sonst niemanden auf der Welt. (Papst Johannes der 23.: aus
seinen zehn Geboten der Gelassenheit)*

Nachdem ich L. und J. bisher nur noch zweimal
gesehen habe, war da auf einmal die kleine Mi. im
Kindergarten. Wir haben uns gleich gut verstanden.
Ich sehe sie nicht so oft, da sie in einer anderen
Gruppe ist, doch ihre Mutter Ja. meinte in einem
kurzen Gespräch: Mi. mag Dich. So habe ich Ja. nach
mehreren Anläufen in einer Postkarte gefragt, ob ich
etwas mit ihnen unternehmen darf. Sie hat bald
darauf per Kurznachricht zurückgeschrieben, dass
dies erlaubt sei. Vielleicht darf ich sie Beide eine
Weile begleiten, so wie ich L. und J. eine Zeitlang
begleiten durfte und eventuell sollte. Ich bemerke
gerade: es kommt immer etwas neues Wunderschö-
nes.

Einige Tage später dann habe ich Mi. und Ja. zuhause besuchen dürfen. Wir saßen auf dem aufgeklappten
Sofa im Wohnzimmer, während es draußen in Strö-
men geregnet und ein wenig gestürmt hat. Wir haben
heißen Kaffee getrunken, ein Elsapuzzle gelegt und
ein Würfelspiel gespielt. Anschließend war Mi. noch
eine Katze die einen Ball fangen wollte, und sie hat
mich verzaubert, in ein blökendes sanftes Schaf und
ein grunzendes Schwein. Sie hat mir auch einmal mit
ihrer kleinen warmen Hand lange den Mund zugehal-

ten und gesagt, ich solle nicht viel reden. Dann wollte Mi. noch auf dem Sofa hüpfen, und auf mir herum klettern; Ja. und ich haben uns zwischendurch Dinge gefragt, vielleicht weil wir uns füreinander interessieren; jedoch nur freundschaftlich, weil sie einen festen Freund hat. Danach hat sie ihrer auf dem Schoß sitzenden Tochter noch eine Geschichte vorgelesen und ich habe dies, nachdem mich Mi. noch zugedeckt hatte, ausgiebig genossen. Irgendwann gab es noch Abendessen und davor habe ich Mi. auf meiner Schulter durch die gemütliche, toll geschnittene Wohnung getragen, in ihr putziges rosanes Zimmer und daraufhin in die saubere Küche. Es gab milde Schinkennudeln, und Mi. saß zwischen uns und irgendwann hat sie ihre Arme ausgestreckt und gleichzeitig ihre Mutter und mich an den Unterarmen berührt, die ruhig auf dem Tisch lagen. Als es Bettgezeit für Mi. war, habe ich mich verabschiedet. Mi. hat mich noch geküßt und ich habe ihre Mutter vorsichtig umarmt. Insgesamt war es einer der schönsten Tage meines Lebens. Bei mir zu Hause angekommen habe ich ihr noch per Mobiltelephon geschrieben: ich habe mich bedankt für die schöne Zeit die ich durch sie erleben durfte und ihr angeboten, sich wieder zu treffen. Wenn dies nicht passiert, sollte es mich nicht zu sehr treffen, denn Jesus Christus ist immer bei mir. Alle Personen, die ich seit ich Christ geworden bin, getroffen habe, mag ich durch Jesus Christus, ob sie sich nun von mir verabschiedet haben oder nicht. Jede Begegnung hat ihren Sinn.

174

In dem Wort „Gedanke", steckt das Wort „Danke".

Da J. absolut kein Signal sendet, dass sie mich einmal
nur zu zweit, oder auch zu dritt, treffen möchte,
obwohl sie von mir weiß, wie ich das möchte, sie aber
dennoch auf ganz kleiner Flamme den Kontakt
mithält, - ich habe sie immer nur mit anderen treffen
können, und da hatte sie wenig Zeit für mich -, kann
ich das emotional so nicht mehr weiterführen; es ist
nicht einmal annähernd etwas Ganzes, doch das
Geringe etwas, ließ mich bisher hoffen, trotz dessen
ich weiß: „da ist nicht mehr"; also schließe ich nun
innerlich mit diesem Thema ab, um davon nicht
weiter abgelenkt zu werden.
Und weil ich sie aufgegeben habe ist daraufhin etwas
Überraschendes passiert: Obwohl ich gedacht habe,
es nicht überwinden zu können, hänge ich zudem zur
Zeit sehr wenig an Besitz oder sonstigen Dingen.
Zusammengefaßt haben die reizenden Spiele mit J.
mir meine extremen leidenschaftlichen Gefühle vor
Augen geführt. Ich bin ihr dankbar, damit sie diese
ertragen hat und mich deswegen nicht verabscheut; -
ich ahne das, weil wir bisher immer noch spärlich
Kontakt hielten. Aber nun muss ich diesen seltsamen
verwirrenden schweren und dunklen Gefühlen nicht
mehr nachgeben, weil ich sie durch die Zeit mit J.
äußerst klar erkannt habe. Und bei dem Gedanken an
andere faszinierende attraktive Frauen, sind diese
greifenden Gefühle nun fast nicht mehr vorhanden,
weil ich sie – um Leid zu vermeiden – nicht mehr oft

aufgreife, und ich kann ihnen mehr oder weniger wiederstehen, - eben weil ich sie nun klar erkenne.

J. wurde mir geschickt, damit ich meine bisherige starke Begierde noch weiter überwinde.

Ja. ist erstaunlich oft freundlich zu mir. Sie ist allgemein eine freundliche Person. Nach dem ersten Treffen haben wir uns einige Zeit nicht gesehen, weil sie in Urlaub war. Gestern früh haben wir uns im Eingangsbereich der Kindertagestätte getroffen. Zur Begrüßung habe ich sie umarmt, sie mich auch. Sie hat mir lange in die Augen gesehen, auch wenn ich diesen schönen großen Augen immer wieder wegen ein paar Verblendungen meinerseits aus Scham ausgewichen bin und sie mich aber dennoch weiter mit einem starken Funkeln in diesen angesehen hat. Sie hat mich auch Dinge gefragt?

Ich habe Ihr gesagt: Ich möchte gern das Fahrrad ihrer Tochter herrichten, so dass diese damit sicher und angenehm vom Kindergarten heimradeln kann.

Am Nachmittag dann war ich oben im Hort gerade mit den Hausaufgaben beschäftigt, als mir Mi. von Ja. etwas Selbstgebackenes gebracht hat. Dies hat mich wieder sehr gerührt.

Tags darauf habe ich sie mit ihrem Freund beim Sommerfest gesehen.

Nach den Aufführungen draußen im Hof, habe ich mich in ihre Nähe gesetzt. Mi. hatte noch die Hausschuhe an. Ich hab ihre Mutter angesehen und diese hat genickt und dann habe ich Mi. in der Garderobe die Schuhe umgezogen und ihr eine Jacke angezogen. Anschließend durfte ich mit ihr noch ein Stockbrot backen: Das war ein sehr schöner Moment mit ihr, vor der Feuerschale, um uns herum Kinder und Eltern, und sie wollte auf meinem Knie sitzen und so saßen wir eine Weile den Stock zusammen haltend vor dem Feuer.

Irgendwann haben sich Mi. und Ja. verabschiedet. Es war wieder ein Tag voller mildem Licht und Wärme.

Mittlerweile haben wir uns wieder getroffen und ich habe zwei Stunden mit Mi. gespielt. Ja. vermag es, trotzdessen sie einen festen Freund hat, sich mit mir zu treffen, so dass ich Zeit mit ihr und vorallem Mi. verbringen kann, die mit etwas ans Herz gewachsen ist. Wie lange ich das Mädchen wohl sehen darf?

J. wollte mich nicht einmal treffen, obwohl sie keinen festen Freund hat. Mit ihr stehe ich nun leider nicht mehr in Kontakt.

Mi. ist genauso hübsch wie ihre Mutter, sie hat brünettes Haar, ein reines fehlerfreies Gesicht mit gleichmäßig geschwungenen Lippen und dunkle braune Augen; nur hat ihre Mutter blaue Augen unter ihren feinen braunen Augenbrauen, und ein paar Sommersprossen.

Abends denke ich selten kurz daran, wie es wäre ein Kind zu haben. Doch wie bereits geschrieben wurde: Ich kenne keine Frau die mich mag; und dann denke ich auch wieder an das Kloster, an die Stille.

30. Grund der Entstehung

Dieses Buch ist von einem geistig armen Hauptschüler geschrieben worden, man möge mir das schlechte Deutsch und meine Unwissenheit verzeihen. Ich schrieb das wenige auf, was ich erkannt habe, darüber, was mittlerweile in meinen Augen für mich das Wichtigste im Leben ist.

Wie ich schreibe, so habe ich von meinem Vater Deutsch sprechen gelernt, und seit einiger Zeit habe ich mich, so weit es mir möglich war, in die deutsche Sprache vertieft und in ihr weitergebildet.

Über den Sinn dieses Buches habe ich einige Jahre nachgedacht, über Kunst an sich, denke ich bereits beinahe mein ganzes Leben nach. Da sie mich nun so lange angesprochen hat, habe ich versucht meine Erkenntnis in einem Kunstwerk auszudrücken. Viele Künste wurden bereits von mir ausprobiert, vielleicht ist mir nun ein ansprechendes Werk gelungen.

Die meisten Menschen wollen Familie, andere Anerkennung oder Ruhm, andere Besitz, andere Geld und Macht, andere entwickeln und nähren den Hass und somit das Böse, andere wollen mit Freunden ein Bier trinken, andere suchen die Erleuchtung oder Gottes Liebe, und so weiter, und ich wollte seit meiner frühen Jugend ein gutes Kunstwerk schaffen, - eines welches vielleicht dem ein oder anderen im Leben hilft -, da sich Kunst in der Nähe zu Spirituellem bewegt; damals habe ich noch nicht gewusst, dass Spiritualität an sich wichtiger ist als Kunst; Kunst alleine reicht nicht aus. Ich suchte letztlich also nach Spirituellem, nach Liebe. Später habe ich dann auch konkret nach Erleuchtung, nach Gottes Liebe gesucht.

Als Kind hatte ich keine gänzlich intakte Familie, meine Mutter sahen meine Schwester und ich nur alle zwei Wochen und deshalb habe ich auch eine kleine Beziehungsschwäche, ein kleines Vertrauensdefizit, ich hatte keine heilende Religion, keine eindeutige kulturelle Zugehörigkeit, die mir so etwas wie eine Identität verliehen hätte, weil ich als halb Deutscher, halb Koreaner, in Schwaben nun mal zur Hälfte anders dachte und fühlte und aussah wie die Einheimischen, aber ich war durch meine Eltern von ein wenig Kunst umgeben, ob es nun Musik, Bücher, Gemälde, Möbel, Mode, oder die Nahrungsmittelzubereitung war. Was blieb mir somit am Anfang meines Lebens anderes übrig als diese, zumal sie positive Seiten haben kann. Denn wenn die Kunst schön ist, wenn insgesamt etwas schön ist, ist es sinnvoll.

Ich dachte mir damals, ein Künstler darf viele unterschiedliche Facetten des Lebens kennen lernen, um ein umfassendes Kunstwerk zu schaffen. So viele mir bekannte Künstler haben sich durch den tödlichen Sumpf, in den man einsinken kann, gewühlt, um seine negative Seite zu erkennen, und um darüber zu berichten, um davor zu warnen; obwohl sie das nicht hätten tun müssen; sie hätten ihn auch beobachten und somit darüber berichten können. Gott sei dank, habe ich nach vielen Irrungen erkannt, dass ein gutes

Kunstwerk nur klar sein muss, so wie der Künstler, um es zu schaffen. Es muss klar sein, auch wenn es einfach sein mag, aber dann ist es ein heilsames Objekt, welches auf das Gute hinweißt. Ein Kunstwerk ist immer so wie der jeweilige Zustand seines Schöpfers.

 Gott hat es bisher direkt, und durch einige für mich wichtige Personen, geschafft, mich ehemals störrischen armen verwirrten Irren wieder halbwegs klar zu machen, so dass ich mir meinen unnötigen Wunsch erfüllen konnte. Zuerst war der Wunsch ja ein anspruchsvolles wohlklingendes und textlich durchdachtes Musikalbum zu erschaffen, was schließlich im Untergrund mit Hilfe von Freunden und ohne jegliche Verbreitung auch annähernd gelungen war, doch dann war der Reiz an einem guten Buch größer, weil damit in Wörtern mehr ausgesagt werden kann und eine größere Verbreitung möglich ist; mit einem Buch können mehr Menschen erreicht werden, aber ich ahne, dass mein Werk, meine Thematik und mein Stil, niemanden interessieren wird. Nun, da ich mit diesem bescheidenen Werk mein bisheriges Lebensziel erreicht habe, will ich nichts mehr wollen, außer Liebe. Hoffentlich gelingt mir dies.

Der Titel dieses Werks bezieht sich auf einen Traum in meinem fünfunddreißigsten Lebensjahr, indem mir eine Hand, die aus dem Licht kam, ein Buch mit einem Titel reichte. Ich wollte im Traum unbedingt wissen wie es heißt und las: „Aufbruch". Zur Zeit beginnt für mich ein Aufbruch der Wahrnehmung von Güte und ein bescheidenes aufbrechen des Herzens; oder anders ausgedrückt: es beginnt ein Aufbruch dahinein, was ich durch die christlichen Religion für mich erkenne: Wie Gott mich in mir und durch so vieles, und ebenso auch alle liebt und wie somit auch ich lieben lerne.

Ich bin nur ein Ungebildeter, ich habe nichts studiert, nicht viel gelernt, ich habe im weltlichen Sinne überhaupt nichts zustande gebracht, ich bin für die meisten Frauen, wie für die meisten Menschen gänzlich uninteressant, weil mir auch hier die notwendigen menschlichen Fähigkeiten noch fehlen, und ein großer Sünder war ich zudem, doch mit Gottes Hilfe lerne ich die Liebe im jeweiligen Moment, die wichtigste Sache die es für mich, für jeden von uns, gibt.

Eine unendliche bedingungslose Liebe, das Vorgängerbuch, ist für mich persönlich wichtig, hat den Sinn, den ich vermitteln möchte, schon richtig - jedoch nur teilweise - erfasst und ist auch vom Stiel in Ordnung, doch den vollständigen von mir wünschenswerterweise zu vermittelnden Sinn und den dazugehörigen Stiel habe ich erst jetzt erreicht, auch wenn die Form der Darstellung etwas ungewöhnlich erscheinen mag; die Idee hat sich beinahe von selbst in diese Form gegossen; in ein kurzes unbedeutendes Tagebuch und einige persönliche Gedanken. Alles was vor diesen Büchern war, ist nicht lesbar und soll möglichst auch nicht mehr gelesen werden.

Durch die Gedanken dieses Buches, mit Gottes Hilfe, wurde ich im Geist ein Seiender, und ich bleibe es, immer wenn ich an Jesus Christus, oder an Gott, denke, dann lebe ich im Licht, achtsam atmend und liebend im wunderschönen unbeschreiblichen heiligen Geist Gottes. Die Ewigkeit des Geistes … Ich bin da.

31.

Ich bekenne nach diesen ganzen Wörter, Sätzen und Kapiteln in denen ich die Wahrheit über die Liebe und mich selbst herausfinden wollte: Ich bin noch ein Sünder. In meinen Gedanken gibt es leider immer noch Begierden, Hass und andere Verblendungen; doch sie sind weniger geworden; und darüber freue ich mich schon. Früher, selbst in meiner Kindheit brannte in mir, - neben dem natürlichen alltäglichen normalen Glück -, oft ein großes Feuer des Leides. In stillen Momenten steigen manchmal erschreckende Erinnerungen von begangenen Sünden in mir auf. Ich war schwer krank im Geiste, doch dank der geduldigen und barmherzigen Führung Gottes heilte ich ein wenig und bin nun nur noch leicht krank.

In den vergangenen Jahren dachte ich, ich schaffe Dinge, mir und anderen zuliebe, für die man jedoch Kerngesund sein sollte. Wer auf den höchsten Berg wandern möchte, doch nicht die erforderliche Kondition dafür hat, der ist unrealistisch, und sollte sein Ziel entweder korrigieren oder noch mehr üben; doch manche schaffen es auch mit beharrlicher Übung trotz dessen nicht den höchsten Berg zu erklimmen, weil sie von ihren Anlagen her nicht dafür geschaffen sind; diese sind eher für kleine Berge geschaffen, wie die meisten Menschen; und irgendwie reicht ja auch schon die Aussicht von einem niedrigen Berg; auf einem niedrigen Berg trifft man auch noch mehr Menschen als auf dem größten; auf dem höchsten

Berg sollte man alleine mit Gottes Liebe glücklich sein können, ohne dafür jemanden unbedingt zu benötigen und so Gefangene zu machen.

Ich bin also immer noch krank, ich merke es an einigen Gedanken, die immer mal wieder aus der Tiefe meines Bewusstseins auftauchen und von denen ich dachte, sie hätten sich durch Nicht-Wiederholung schon gänzlich aufgelöst. Doch meine Wunden sind dennoch schon mehr geheilt, mehr als ich es mir früher je hätte vorstellen oder erträumen können. Ich bin noch nicht ganz gesund, trotzdem bin ich für meine nun erreichte Situation dankbar, weil es nicht mehr andauernd heftig schmerzt, weil ich bereits oft schon wohltuende Linderung verspüre.

Ich kann die Lehre der Liebe nicht vollständig umsetzen, so wie es von einigen Menschen an der Spitze hin und wieder gefordert wird, doch ein wenig gelingt es mir schon, und dies macht mich bereits oft glücklich.

Gott, ich danke Dir.
Du hast mich gerettet.
Ich bin kein großer mächtiger Berg geworden,
eher ein kleiner grüner ansehnlicher, mitunter freundlicher Hügel,
doch ich war bereits ein tiefes Tal mit vielen dunklen und gefährlichen Sumpfflächen und bin deshalb dankbar für das Erreichte.
Gott, du weißt
ich bin katholischer Christ.

Und ich möchte dabei jedoch alle Christen lieben,
sowie die Juden, Muslime, Hinduisten, Buddhisten,
Konfuzianer, Ureinwohner, sonstige Gläubige und Atheisten.
Gott, ich weiß
du liebst die Christen besonders,
wie auch jeden Menschen, jedes lebende Wesen.
Die Liebe liebt und grenzt nicht aus.
Gott, ich versage so oft, wenn ich nicht achtsam bei Dir verweile,
doch du vergibst mir immer wieder
und lässt mich jedes Mal zu Dir zurückkehren.
Ich bin nicht mehr so schlimm wie ich es in den
schwersten Phasen meines Lebens war.
Bitte lass mich nie wieder dorthin zurückfallen.

Gott, der Vater, möge euch aufgrund des Reichtums seiner
Herrlichkeit schenken, dass ihr in eurem Innern durch seinen
Geist an Kraft und Stärke zunehmt. Durch den Glauben
wohne Christus in eurem Herzen. In der Liebe verwurzelt und
auf sie gegründet, sollt ihr zusammen mit allen Heiligen dazu
fähig sein, die Länge und Breite, die Höhe und Tiefe zu
ermessen („ermessen" kommt aus dem Griechischen
und bedeutet heutzutage „meditieren", - also über
etwas in der Mitte nachdenken) *und die Liebe Christi zu*
verstehen, die alle Erkenntnis übersteigt. So werdet ihr mehr
und mehr von der ganzen Fülle Gottes erfüllt. (Epheser 3.16-
19)

Ich bin in einem Stadium indem ich oft nichts tue
außer an Jesus Christus zu denken, in der Mitte

zwischen Himmel und Hölle, zwischen Glück und Leid im sanften Licht, zu verweilen, und zu atmen. Ab und zu nur greife ich noch zu einem Buch.

Ich habe mal wieder in den „Gedanken" von Blaise Pascal gelesen. Dabei bemerkte ich: mein Schreiben ist nichts gegen ihn. Er ist der Beste der Sekundärliteratur in Inhalt, Weisheit, Einfachheit, Klarheit, Form, Eindringlichkeit; darüber steht nur die Bibel selbst. Ich brauche nicht mehr zu schreiben, es steht schon alles geschrieben.

Ich verstehe auch immer weniger was ich so an Begriffen lese und was ich allgemein wahrnehme; Jesus Christus Liebe in allem ist das Einzige, was ich ein wenig verstehe; ansonsten gibt es auch nicht allzu viel zu verstehen.

Jeder Tag kann der letzte sein, eines Tages wird mein Körper sterben, und dann weiß ich, dass - trotz meiner Sünden - die eine unendliche bedingungslose Liebe bei mir ist und mich in alle Ewigkeit begleitet, wo auch immer ich sein werde; denn ich sehe mich nicht sterben. Möge Gott uns allen jetzt und im Tod beistehen, vor allem denen die ich liebe, und mögen wir ihn alle annehmen.

Ich schreibe: möge Gott *uns allen* beistehen, denn ich glaube er kann durch jedes Wesen für jedes Wesen wirken: *Und siehe, ein Gesetzesgelehrter stand auf und versuchte ihn und sprach: Lehrer, was muss ich getan haben, um ewiges Leben zu erben? Jesus Christus aber sprach zu ihm: Was steht in dem Gesetz geschrieben? Wie liest du? Er aber*

antwortete und sprach: „Du sollst den Herrn, deinen Gott,
lieben aus deinem ganzen Herzen und mit deiner ganzen Seele
(deinem ganzen Ich) *und mit deiner ganzen Kraft und mit*
deinem ganzen Verstand und deinen nächsten wie dich selbst."
Er sprach zu ihm: Du hast recht geantwortet; tu dies, und du
wirst leben. Indem er aber sich selbst rechtfertigen wollte, sprach
er zu Jesus: Und wer ist mein Nächster? Jesus aber nahm (das
Wort) und sprach: ein Mensch ging von Jerusalem nach Jericho
hinab und fiel unter Räuber, die ihn auch auszogen und ihm
Schläge versetzten und weggingen und ihn halb tot liegen ließen.
Zufällig aber ging ein Priester jenen Weg hinab; und als er
(ihn) sah, ging er an der entgegengesetzten Seite vorüber.
Ebenso aber kam ein Levit, ein israelitischer Priester, *der*
an den Ort gelangte, und er sah (ihn) und ging an der entgegen-
gesetzten Seite vorüber. Aber ein Samaritaner, der auf der
Reise war, kam zu ihm hin; und als er (ihn) sah, wurde er
innerlich bewegt; und er trat hinzu und verband seine Wunden
und goss Öl und Wein darauf; und er setzte ihn auf sein
eigenes Tier und führte ihn in eine Herberge und trug Sorge für
ihn. Und am folgenden Morgen zog er zwei Denare heraus und
gab sie dem Wirt und sprach: Trage Sorge für ihn! Und was
du noch dazu verwenden wirst, werde ich dir bezahlen, wenn
ich zurückkomme. Was meinst du, wer von diesen dreien der
Nächste dessen gewesen ist, der unter die Räuber gefallen war?
Er aber sprach: Der die Barmherzigkeit an ihm übte: Jesus
aber sprach zu ihm: Geh hin und handle du ebenso! Barmherzig! *(Lukas 10.25-37)*

Es sind noch immer viele Menschen auf dieser Erde
sehr verrückt, wie ich es auch noch ein wenig bin,

und nur eines kann diese Verrücktheit heilen: Gott, der, selbst die welche in einem höllischen Zustand sind, liebt; - Gott die Liebe.

Ausklang

So spricht der Herr: Der Himmel ist mein Thron und die Erde der Schemel für meine Füße. Was wäre das für ein Haus, das ihr mir bauen könntet? Was wäre das für ein Ort, an dem ich ausruhen könnte? Denn all das hat meine Hand gemacht; es gehört mir ja schon – Spruch des Herrn. Ich blicke auf den Armen und Zerknirschten und auf den, der zittert vor meinem Wort. (Jesaja 66.1-2)

Dann weichen die Feinde zurück an dem Tag, da ich rufe. Ich habe erkannt: Mir steht Gott zur Seite. Gott liebt mich!

Ich preise Gottes Wort, ich preise das Wort des Herrn.

Ich vertraue auf Gott und fürchte mich nicht. Was können Menschen mir antun. (Aus Psalm 56)

Gott steht durch seine unendlichen Liebe, und weil er der Schöpfer von allem ist, über uns, und doch hat er sich in Jesus Christus unter wirklich jeden erniedrigt, sogar unter die Ärmsten. Für seine Liebe, die immer bei uns ist, ist er zu loben.

Ich denke, das Wort „Priester" kommt von preisen, und preisen ist ausdrücklich ein Lob an Gott. Gott ist der erste Preis den ein Mensch erlangen kann, wenn er wenigstens manches Mal am Tag an ihn denkt. Man kann Gott preisen, ihm dankbar sein, wenn man seinen Weg geht, dabei hin und wieder stolpert, und trotzdem erfährt wie schön sein Geist, und seine Schöpfung, sind. Ich denke jeder der Gott lobpreist ist ein kleiner Priester, ein Funke in Gottes ewigen Feuer, ob er nun offiziell einer Institution angehört und ein Studium abgeschlossen hat, oder nicht.

Am Anfang war das Wort, und das Wort war bei Gott, und das Wort war Gott. (Johannes 1,1)

Durch das Wort und das Hören auf dieses, lernt der Mensch. Das ursprüngliche Wort ist Jesus Christus.

„Wort" heißt im Lateinischen „Verb", das Verb ist also das Wort schlechthin. Das Verb heißt im Deutschen Tunwort; und meint Wörter die ein Tun benennen. Und das am häufigsten gebrauchte Verb ist „sein." Wenn „sein" mit „ich" in der ersten Person Singular in der Gegenwartsform konjugiert wird, heißt es: Ich bin.

Gott … Was ist sein Name? … Da sprach Gott zu Mose: „Ich bin, der ich bin." (Oder auch in einer anderen Übersetzung: *„Ich werde sein, der ich sein werde.) (2.Mose 3,13.14)*

Dieses „*Ich bin, der ich bin*", ist also das wichtigste Wort, es betrifft unser ganzes Leben.

„Fragte man das Leben, warum es lebt, es würde antworten: ich lebe darum, dass ich lebe … Ohne Worumwillen." (Meister Eckhard) Das Leben ist einfach wie es ist, oder auch anders ausgedrückt: „Ich, das Leben, Gott, bin jetzt und hier so wie ich bin. Ihr könnt meine Liebe in so vielen Dingen erkennen, und seid auch nicht traurig wenn der Moment vergeht, es wird immer wieder ein neuer schöner kommen."

Das Verb ist das Prädikat, die Satzaussage, das wichtigste Wort im Satz. „Prädikat" ist verwandt mit dem lateinischen Wort „Prädikant" und dies heißt ins Deutsche übersetzt „Predigt."

Die Predigt, das Wort Gottes anzunehmen und wenigstens ein wenig zu vermitteln, die Liebe vorzuleben, sie einfach zu leben, ist der wichtigste Teil im Leben eines Menschen; hier und jetzt, um eben da zu sein im Hier und Jetzt; und dazu muss man nicht unbedingt ein offizieller Priester sein, auch das einfache Volk kann predigen, denn der heilige Geist weht wo *er* will, und doch haben die studierten Priester eine wichtige Funktion: sie lehren das Wort.

Einfach Gottes Geist, durch einen Gedanken an ihn, zu berühren, zu sein, ist das Wichtigste; auch wenn man ihn gelegentlich vergisst, wenn einen ein starker sundhafter Gedanke übermannt und Gott sogar dabei einen noch bedingungslos liebt, sollte man doch wieder zu ihm zurückkehren; im Grunde heißt alles dies sich lieben zu lassen.

Und so möchte ich weiter Leben.

Ich bitte nicht um Wunder und Visionen Herr, sondern um die Kraft für den Alltag. Lehre mich die Kunst der kleinen Schritte! Mach mich griffsicher in der richtigen Zeiteinteilung. Hilf mir, das Nächste so gut wie möglich zu tun und die jetzige Stunde als die wichtigste zu erkennen. Bewahre mich vor dem naiven Glauben, es müsste im Leben alles glatt gehen. Gib mir das tägliche Brot für Leib und Seele, eine Geste deiner Liebe, ein freundliches Echo, und hin und wieder das Erlebnis, dass ich gebraucht werde. Ich weiß, dass sich viele Probleme dadurch lösen, dass man nichts tut. Gib mir, dass ich warten kann. Verleihe mir die nötige Fantasie, im rechten Augenblick ein Päckchen Güte – mit oder ohne Worte – an der richtigen Stelle abzugeben. Mach aus mir einen Menschen, der einem Schiff im Tiefgang gleicht, um auch die zu erreichen, die unten sind. Bewahre mich vor der Angst, ich könnte das Leben versäumen. Gib mir nicht, was ich mir wünsche, sondern was ich brauche. (Antoine de Saint-Exupery)

Wir müssen das, was wir brauchen nur annehmen: Um ewig glücklich zu sein, benötigen wir ausschließlich Gottes unendliche bedingungslose Liebe.